인간의 길,
10대가 묻고
고전이 답하다
(정치/역사)

인간의 길,
10대가 묻고 고전이 답하다(정치/역사 편)

1쇄 인쇄 2017년 7월 25일 **1쇄 발행** 2017년 7월 31일

지은이 송용구
펴낸곳 글라이더 **펴낸이** 박정화
편집 정안나 **디자인** 디자인뷰 **마케팅** 임호 **해외사업부** 박은정

등록 2012년 3월 28일(제2012-000066호)
주소 경기도 고양시 덕양구 은빛로43(은하수빌딩 8층 801호)
전화 070)4685-5799 **팩스** 0303)0949-5799 **전자우편** gliderbooks@hanmail.net
블로그 http://gliderbook.blog.me/
ISBN 979-11-86510-44-5 43300

책값은 뒤표지에 있습니다.
잘못된 책은 바꾸어 드립니다.

이 도서의 국립중앙도서관 출판예정도서목록(CIP)은 서지정보유통지원시스템
홈페이지(http://seoji.nl.go.kr)와 국가자료공동목록시스템(http://www.nl.go.kr/
kolisnet)에서 이용하실 수 있습니다.(CIP제어번호: CIP2017018269)

글라이더는 존재하는 모든 것에 사랑과 희망을 함께 나누는 따뜻한 세상을 지향합니다.

통섭과 스토리텔링으로 마주하는 '인간다움'의 참모습

인간의 길,
10대가 묻고
고전이 답하다

정치
역사

송용구 지음

글라이더

인문 고전의 숲에서
정치와 역사를 읽는다

'라인홀드 니부어Reinhold Niebuhr'라는 이름을 들어 보셨나요? 독일계 미국의 개신교 신학자이며 사회윤리학자입니다. 미국에 정착한 독일 가문에서 태어났기 때문에 그의 이름은 당연히 '니부어'라는 독일인의 성姓을 가질 수밖에 없었지요. 그러나 미국을 비롯한 영어권의 사람들은 그를 '니버'라고 불렀습니다. 그의 출신은 그다지 중요하지 않습니다. 필자가 그를 소개하는 것은 그가 말하는 인생의 '가치' 때문입니다. 푸른 꿈을 가슴에 품은 젊은이들이 어떤 가치관을 갖고 인생을 살아가느냐에 따라 인생의 길은 달라지지 않을까요?

라인홀드 니부어는 《도덕적 인간과 비도덕적 사회》에서 돈, 권력, 명예, 지식 등을 "도구적 가치"라고 불렀습니다. 도구라니? 그가 이러한 것들을 '도구적 가치'라고 이름 붙인 이유는 무엇일까요?

목적이 따로 있기 때문입니다. 도대체 돈과 권력과 명예와 지식 같은 중요한 것들을 '도구'로 사용하면서까지 좇아야 할 목적이란 무엇일까요? 그것은 '인간다운' 인생입니다. 바로 이 '인간다운' 인생을 나부어는 "궁극적 가치"라고 불렀습니다. 그렇다면 인간이 인간답게 살기 위해 '궁극'으로 추구해야 할 '가치'는 무엇일까요? 사랑, 나눔, 상생, 공동의 행복과 같은 것이 아닐까요? 여러분! 서로 사랑하고 도와주고 나누면서 행복을 함께 주고받는 인생을 생각해 보세요. 이것이 인간다운 인생의 모습이 아닐까요? 이렇게 살아가는 사람이 진정한 인간성의 소유자가 아닐까요? 이 세상의 수많은 사람들이 인생의 목표로 추구해 왔던 돈과 권력! 이것조차도 인간다운 인생이라는 "궁극적 가치"를 위해서 선한 도구로써 사용해야 하지 않을까요?

여러분의 귀에 익숙한 '휴머니즘Humanism'이라는 낱말의 어원은 라틴어 '후마니타스Humanitas'입니다. 후마니타스는 '인간다움'이란 뜻을 갖고 있습니다. 14~15세기 르네상스 시대의 인문주의자들은 '고전' 속에서 '인간다움'과 인간다운 인생을 이해하였습니다. 인간에 대한 이해의 깊이를 얻으려면 무엇보다 '고전'을 읽어야 한다고 생각했으니까요. 고전을 읽고 번역하고 이해하는 고전 연구는 르네상스 시대 인문학의 꽃이었습니다. 그렇다면 '고전'에 속하는 것은 어떤 책일까요? 아득히 먼 옛날에 탄생했어도 시간의 장벽을 훌쩍 뛰어넘어 후대 사람들에게 '인간다운' 인생이 무엇인지를 가르쳐 줄 수 있는 책이 아닐까요?

　여러분!《인간의 길, 10대가 묻고 고전이 답하다》는 여러분을 진정한 '고전'의 세계로 초대합니다. 시대와 문화권의 차이를 초월하여 고전의 가치를 유구히 전승할 수 있는 책들이 여러분을 기다리고 있습니다. 호메로스의《일리아스》와《오디세이아》, 에리히 프롬의《자유로부터의 도피》, 에드워드 핼릿 카의《역사란 무엇인가》, 스탕달의《적과 흑》, 사마천의《사기史記》, 존 스튜어트 밀의《자유론》을 비롯한 고전 작품을 통하여 여러분은 정치와 역사에 대한 풍부한 지식을 얻게 될 것입니다. 철학과 사회에 대해서도 적지 않은 지식을 쌓으리라 기대합니다. 작가들의 창조적 상상력이 여러분의 감성 능력EQ을 길러 줄 것입니다. 사상가들의 위대한 정치의식과 역사의식이 여러분의 사고 능력을 튼실하게 해 줄 것입니다. 또한 이 책《인간의 길, 10대가 묻고 고전이 답하다》는 정치와 역사의 이정표를 통하여 여러분을 '인간다운 인생'의 길로 안내하는 가이드가 되어 줄 것입니다. 여러분! '인간다운' 인재로 성장하는 비전을 가슴에 품어 보세요. 세계의 고전과 그것을 해설하는 필자의 이야기를 여러분의 멘토로 삼으시길 바랍니다.

2017년 6월 집필실에서

필자 송용구

인간은 자신을 선택하고 포착하는 자유를 향해 열려 있다.
— 마르틴 하이데거(Martin Heidegger)

1장

포기를 모르는 불굴의 의지,
서사시의 영웅들

하이데거와 부버의 눈으로 읽는
호메로스의 《일리아스》와 《오디세이아》

호메로스 (Homeros, 생몰년도 미상)

기원전 8세기경에 활동했던 음유 시인. 영어로는 호머(Homer)로 알려져 있다. 소아시아의 서부 해안 이오니아 지역에서 활동했다고 한다. 그리스의 역사학자 헤로도토스의 견해에 따르면 호메로스는 방랑 시인으로서 가난뱅이 맹인이었다고 한다. 호메로스의 인생에 관한 기록이 남아 있지 않기 때문에 그가 가상의 인물이라고 주장하는 사람들도 있다. 《일리아스》와 《오디세이아》는 그의 대표적 작품이다.

• • •

| 작품 소개 |

일리아스 Iliad **와 오디세이아** Odyssey

그리스의 영웅 서사시이다. 기원전 13세기 그리스의 미케네 왕국 시대부터 민간 지역에서 생겨나 민담의 형태로 구전되어 오다가 방랑 시인 호메로스에 의해 줄거리가 더욱 확장되어 서사시의 골격을 갖추게 되었다. 이 두 작품은 문학사(文學史)의 관점으로 보면 서양 문학의 근원이며 문명사의 시각으로 보면 헬레니즘의 출발점이다. 《일리아스》는 1만 5,693행의 24권으로, 《오디세이아》는 1만 2,110행의 24권으로 구성되어 있다. 방대한 내용만으로도 서사시의 웅장함과 장엄함을 짐작할 수 있다. 《일리아스》는 그리스와 트로이 왕국 간의 전쟁 이야기를 박진감 넘치게, 《오디세이아》는 이타카의 왕 오디세우스의 모험 이야기를 판타스틱하게 표현한 걸작이다.

(참고본: 《일리아스/오디세이아》, 호메로스 지음, 이상훈 옮김, 동서문화사)

1
시대를 초월하는
인문교육의 교사

1천 년 동안 구전되어 온 서사시

역사의 사건 혹은 특정한 시대라는 역사적 소재를 사실과 픽션의 조화를 통하여 눈앞에서 보듯이 생동감 넘치게 묘사하는 문학이 서사시입니다. 《일리아스》와 《오디세이아》는 기원전 8세기 방랑 시인 호메로스에 의해 서사시의 형식과 내용을 갖게 된 후에도 수백 년 동안 민담으로 구전되다가 문자의 형태로 목판에 새겨졌습니다. 기원전 13세기 미케네 왕국 시절부터 호메로스 이후의 시대에 이르기까지 약 1천 년 동안 '구전口傳'이라는 전래 과정을 거쳤기 때문에 수많은 변형물을 낳을 수밖에 없었지요. 때문에 나무판에 새겨진 서로 다른 이야기들이 흩어져 있었다고 합니다.

기원전 2세기, 통합본 텍스트의 등장

이렇게 여러 지역에서 떠돌던 《일리아스》와 《오디세이아》의 문자 텍스트들을 모아서 하나의 텍스트를 만든 사람은 기원전 2세기 알렉산드리아 출신의 학자 아리스타르코스Aristarchos입니다. 그가 수많은 문자 텍스트들을 양피지에 옮겨 적어서 단일한 통합본 텍스트를 만든 것입니다. 하지만 그 당시엔 종이가 없었기 때문에 책의 형태로 서사시를 만날 수는 없었습니다. 1453년 금속활자 인쇄술이 발명된 후에야 비로소 그 문명의 매체에 힘입어, 1488년 인쇄본 《일리아스》와 《오디세이아》가 인류의 유산으로 빛을 볼 수 있었습니다.

그리스 신화와 비극의 재탄생과 역사 읽기

《일리아스》와 《오디세이아》를 읽으면 폭넓은 지식과 풍부한 교양을 쌓을 수 있습니다. 그리스 신화가 서사시의 토대를 받쳐 주고 있습니다. 제우스, 헤라, 아테나, 아폴론 등 올림푸스의 신들이 제각기 능력을 발휘하여 인간의 전쟁과 모험에 관여할 때마다 부분적으로는 그리스 신화의 속편을 보는 것 같은 느낌이 듭니다. 소포클레스Sophocles의 《엘렉트라》, 에우리피데스Euripides의 《타우리케의 이피게네이아》, 아이스킬로스Aeschylos의 《오레스테이아 3부작》을 비롯한 그리스 비극悲劇 작품의 다양한 소재들도 《일리아스》와 《오디세이아》 속에 담겨 있습니다. 호메로스 이후의 그리스 작가들 또한 그의 서사시에서 소재를 빌려 오고 변형하여 희곡을 창작했겠지요. 신화와 비극에 관련된 이야기를 읽는 재미만이 아니라 역사를 공부하는 재미도 쏠쏠합니다. 미케네와 스파르타를 비롯한 그리스 왕국 시대의 역사를 만나는 것도 《일리아스》와 《오디세이아》에서 거둘 수 있는 큰 수확입니다. 기원전 5세기 아테네의 폴리스 민주주의가 모습을 드러내기 전까지 거의 1천 년 동안 그리스 땅의 모든 나라에서 국왕이 지배하는 왕정王政 체제가 계속되어 왔다는 것을 호메로스의 작품에서 알게 됩니다.

작중인물 아킬레우스에서 유래한 '아킬레스 건'

문학작품에 등장하는 사람을 작중인물作中人物이라고 합니다. 《일리아스》와 《오디세이아》를 읽다 보면 작중인물의 이름에서 유래한 용어들이 눈에 들어옵니다. '아킬레스 건'이란 말을 들어 보셨죠? 발뒤꿈치 뼈에 붙어 있는 힘줄로, 장딴지 근육을 발꿈치에 연결시키는 인체의 중요한 기관입니다. 이 용어는 그리스 연합군의 영웅 아킬레우스의 발뒤꿈치에서 유래하였습니다. 지략과 힘과 무술의 3박자를 겸비한 아킬레우스는 적군에게 공포의 대상이었습니다.

그러나 아킬레우스도 신이 아닌 인간이라는 사실을 부인할 수 없습니다. 테티스 여신에게서 태어났지만 시간과 공간의 한계 속에서 살아가는 '인간'의 운명을 거스를 수는 없었지요. 인간은 누구나 단점과 약점을 가지고 있는 불완전한 존재입니다. 아킬레우스의 발뒤꿈치는 최악의 핸디캡이었습니다. 전장에서 가슴이나 머리에 화살을 맞지 않는 한 목숨을 지킬 수 있지만, 아킬레우스는 자신의 발뒤꿈치에 박힌 파리스의 화살 때문에 목숨을 잃었습니다. 그 후로 사람들은 의학 용어와는 별도로 개인의 심각한 약점이나 유일한 약점을 '아킬레스 건'이라 불렀다고 합니다.

작중인물 세이레네스에서 유래한 '사이렌'

또 한 가지 예를 들어 볼까요? 민방위 훈련이 있는 날이면 어김없이 울려 퍼지는 소리는 무엇일까요? 초등학생들도 잘 알고 있는 '사이렌' 소리입니다. 그 이름의 주인공은 《오디세이아》에서 신비한 노래로 뱃사람들을 유혹하여 파멸시키는 '세이레네스'입니다. 몸의 반은 사람이고 나머지 반은 새의 형상인 마녀들이자 괴물들입니다. 그들의 아름다운 목소리와 멜로디에 취하는 순간 배가 암초에 부딪쳐 좌초하거나 선원들이 잡아먹혀, 배와 함께 모든 선원이 파멸하게 되죠. 그런 까닭에 세이레네스의 노래는 죽음이 다가오고 있음을 알리는 메시지와 같은 의미를 갖게 되었습니다. 3천년 뒤 19세기 유럽에서 세이레네스는 정신을 집중하여 생명을 지켜 낼 것을 다급히 알리는 경보 장치 '사이렌'으로 자연스럽게 둔갑하였습니다.

작중인물 멘토르에서 유래한 '멘토'

이번에는 긍정적인 의미로 널리 사용되는 이름도 만나 볼까요? 멘토! 낯설지 않은 이름이죠? 우리에겐 훌륭한 스승의 대명사로 알려져 있습니다. 멘토는 주인공 오디세우스의 친구 '멘토르'의 영어식 이름입니다. 오디세우스가 트로이 원정을 마치고 고향 이타카로 돌아올 때까지 그의 아들 텔레마코스를 지성과 덕성을 겸비한 왕자로 키워 낸 사람이 바로 멘토르입니다.

이처럼 《일리아스》와 《오디세이아》는 신화, 역사, 문학, 교육 분야뿐만 아니라 우리의 일상생활에도 필요한 지식과 교양을 선사하는 '인문교육의 교사'로서 손색이 없습니다.

2
역사학과 고고학의
발전을 이끈 길잡이

트로이 유적 발굴을 꿈꾼 어린 슐리만

후대의 서양 문학뿐만 아니라 역사학과 고고학의 분야도《일리아스》와《오디세이아》로부터 적지 않은 영향을 받았습니다. '하인리히 슐리만Heinrich Schliemann'이라는 이름을 들어 보셨나요? 독일 출신의 저명한 고고학자로, 어린 시절 아버지에게서 들은《일리아스》이야기로 인생이 바뀌었습니다. 아들에게 들려준 이야기를 역사책을 통하여 확인시키고 싶었던 것일까요? 아버지는 아들에게 크리스마스 선물로 루트비히 예거의《어린이를 위한 세계사》를 안겨 주었고, 슐리만은 이 책을 읽고 트로이 유적을 발굴하겠다는 꿈을 품었다고 합니다. 그런데 슐리만의 꿈은 어릴 적 바람처럼 잠시 스쳐 가는 것이 아니었습니다.

사업을 중단하고 전 재산을 털어 트로이 유적을 발굴해 낸 슐리만

그의 꿈은 점점 자라 원대한 야망으로 솟아올랐습니다. 성인이 되어 무역업에 종사하던 슐리만은《일리아스》의 역사적 현장을 고고학적으로 증명하기 위해 36세에 모든 사업을 중단합니다. 고고학 연구에 열중하면서 '일리온' 성城의 발굴 작업에 시동을 걸었습니다.

많은 사람은 문학 속 이야기를 사실이라 믿고 이를 증명하겠다며 전 재산을 쏟아 붓는 그를 비웃고 비난했다고 합니다. 그러나 꿈을 포기하지 않았던 슐리만은 마침내 1873년 자신이 트로이 전쟁의 현장이라고 믿었던 '일리온' 성의 유적지와 트로이 국왕 프리아모스의 유물을 발굴하는 대망大望을 달성합니다. 여기에 만족하지 않고 자신의 고고학적 지식과 막대한 자금을 총동원하여 1876년에는 아가멤논의 나라인 미케네 유적까지도 발굴하는 쾌거를 이룹니다. 슐리만은 자신의 고고학 연구와 고대 유적의 발굴 성과를 종합하여《고대 트로이》,《트로이와 그 유적》,《미케네》등의 저서를 발표하였습니다. 호메로스의 서사시 안에서 파노라마처럼 펼쳐진 트로이 전쟁의 공간은 슐리만의 꺾이지 않는 집념과 꺼지지 않는 열정에 의해 역사의 유적으로 증명되었고 고고학적 가치를 갖게 되었습니다.

하인리히 슐리만 (Heinrich Schliemann, 1822~1890)《일리아스》의 역사적 현장인 '일리온' 성의 유적과 미케네 유적을 발굴한 세계적 고고학자.

3
감동과 재미와
판타지의 삼중주

장엄하게 펼쳐지는 고대 문명의 현장

'일리아스'는 트로이의 성 '일리온'에서 유래된 이름으로 '일리온의 노래'라는 뜻입니다.《일리아스》에서 우리가 만나는 지역은 상당히 넓습니다. 서사시의 이야기는 아가멤논, 메넬라오스, 아킬레우스, 오디세우스 등이 살고 있는 그리스 땅에서부터 시작됩니다. 그리스의 바다로 알려진 에게 해海를 지나 헥토르와 파리스의 나라 '트로이'로 흘러갑니다. 트로이는 소아시아 지역에 위치한 지금의 터키 땅과 일치합니다. 유럽의 남부와 아시아의 서부를 아우르는 고대 문명의 현장이 장엄하게 펼쳐집니다.

영화 〈트로이〉를 보셨나요? 문학작품을 변형시키다 보니 많은 이야기를 생략할 수밖에 없었겠지요. 그러나 '트로이의 목마'를 비롯한《일리아스》의 내용을 '문학적 하이라이트'로 충분히 만끽할 수 있는 영화라고 생각합니다.

영웅호걸들의 호쾌한 무용담

그리스의 여러 왕국 중 가장 강성한 나라는 '미케네'였습니다. 미케네의 국왕 아가멤논이 총사령관을 맡아 그리스 연합군을 이끌고 트로이로 진군합니다. 친동생인 스파르타의 국왕 메넬라오스가 아내 헬레네를 트로이 왕자 파리스에게 빼앗긴 까닭에 그에 대한 복수심과 헬레네를 되찾아야 한다는 의무감이 전쟁의 명분이 된 것입니다. 그러나 그것은 어디까지나 정치적 명분일 뿐입니다. 역사학자들의 해석에 따르면 기원전 1250년경에 그리스가 교역의 요충지인 트로이를 정복하여 유럽과 아프리카와 아시아를 연결하는 광대한 교역로를 확보하기 위해 전쟁을 일으켰다고 합니다. 점령군의 사령관 아가멤논은 엘렉트라, 이피게네이아, 오레스테스의 아버지입니다. 이 삼남매는 그리스 비극의 주인공으로도 아주 유명합니다.

아가멤논이 지휘하는 1천 척의 전함을 타고 '에게' 해를 건너온 10만 명의 그리스 연합군을 맞아 총사령관 헥토르

(영화 〈트로이〉에 등장하는 트로이 목마)
《일리아스》에서 가장 유명한 이야기는 '트로이의 목마'이다. 오디세우스의 지혜로 만들어진 이 목마는 트로이 사람들을 기막히게 속이는 전술로 활용되어 기나긴 전쟁을 끝내는 계기가 된다.

가 이끄는 트로이 군대는 일리온 성을 지켜 내기 위해 임전무퇴의 정신으로 사투를 벌입니다. 배수진을 친 것처럼 결사적으로 항전하는 트로이 군대의 방어전이 10년 동안 계속됩니다. 그리스 연합군의 용맹과 무예를 대표하는 장군 아킬레우스에 맞서 혈투를 벌이는 트로이 왕자 헥토르의 장렬한 최후를 비롯한 수많은 영웅호걸들의 호쾌한 무용담은 독자의 읽는 재미를 더해 줍니다.

감동과 재미, 무한 판타지의 세계로의 초대

스파르타 왕비 헬레네와 트로이 왕자 파리스가 나누는 아름다운 사랑은 손익계산과 목숨의 위협을 초월하는 세기의 사랑으로 우리의 인생 노트에 '순수'라는 두 글자를 새겨 줍니다. 연인 간의 사랑뿐만 아니라 친구 간의 우정도 빼놓을 수 없습니다.《일리아스》의 장엄함과 감동과 재미를 보존하려는 듯이 이어지는 또 하나의 대작이 있습니다. '오디세우스의 노래'라는 뜻을 지닌《오디세이아》입니다. 호메로스의 서사시 제2부라고 말할 수도 있겠네요. '트로이의 목마' 등 지혜로운 계략으로 트로이 정벌에 결정적인 공을 세운 오디세우스. 그가 트로이 원정을 마치고 자신이 국왕으로 다스리던 이타카 왕국으로 돌아오는 바닷길에서 만나는 모험의 이야기들은 상상의 한계를 초월하여《해리포터》와《반지의 제왕》못지않은 무한한 판타지의 세계로 초대합니다.

4
리더십을 가르치는 멘토

포기를 모르는 불굴의 의지, 서사시의 영웅들

아가멤논, 아킬레우스, 오디세우스, 헥토르 등 《일리아스》와 《오디세이아》에 등장하는 영웅들은 누구나 예외 없이 단점과 결점을 갖고 있습니다. 그들 모두가 제우스, 헤라, 아폴론 등의 올림푸스 신神들을 믿고 있는 것을 보면 완벽한 존재가 아니라는 것을 알 수 있습니다. 발뒤꿈치를 가시에 찔려 맥없이 쓰러지는 아킬레우스처럼 약점과 결점을 가진 남자들입니다. 자신의 욕망을 참지 못하여 아킬레우스가 사랑하는 여인 브리세이스를 강제로 빼앗았던 아가멤논처럼 성격의 결함도 뚜렷한 영웅들입니다. 살다가 늙어서 병들어 죽기도 하고 행복과 불행이 교차하는 세월 속에서 기쁨과 슬픔의 반복을 경험합니다. 다른 사람들과 다르지 않은 보통 인간입니다.

인간의 한계를 고스란히 안고 있는 그들이 진정한 '영웅'의 칭

로마 시대의 로마인들이 만든 모자이크 벽화. 세이레네스의 유혹으로부터 배와 동료들을 지키기 위해 돛대에 몸을 결박한 오디세우스와 오른쪽의 세이레네스를 형상화하였다. 그리스 신화와 호메로스의 서사시는 로마 시대의 문학과 문화를 발전시키는 데 큰 영향을 주었다.

호를 받을 수 있는 이유는 무엇일까요? 그들의 외모, 초능력, 권력, 전략과 전술 때문일까요? 그렇지 않습니다. 한계의 격랑激浪을 뛰어 넘으려는 불굴의 의지로 절망과 공포에 맞서 싸우며 인생의 세파를 헤쳐 나갔기 때문입니다. 철학자 마르틴 하이데거Martin Heidegger라면 서사시의 영웅들을 인간다운 "실존實存"의 주인공이라고 예찬했을 것입니다. 그들은 인생의 항해를 가로막는 "한계"라는 높은 파도에 부딪쳐 그 장벽을 뚫고 나가는 것이 불가능해 보이는 순간에도 "가능성"을 포기하지 않았으니까요. 그들은 "한계"라는 험난한 풍랑을 뚫고 나갈 수 있다는 가능성을 "선택하고 포착"[1]하였습니다. 그러한 긍정적인 가능성의 빛을 미래의 승리를 향하여 과감히 **던지는** 인생의 항해를 펼쳐 나갔습니다. 포기를 모르는 불굴의 의지! 하이데거의 눈에 비친 서사시의 영웅들은 인간다운 "실존"의 주인공으로 칭찬받을 만한 자격이 있습니다. '극기'라는 말은 그들의 인생을 대변하는 키워드가 아닐까요?

던지는 한국의 철학계에서는 '기투(企投)'라는 개념으로 통용된다. 《하이데거의 '존재와 시간' 읽기》(박찬국 지음, 세창미디어) 참조.

잊을 만하면 등장하는 위기

그 누구보다도 《오디세이아》의 주인공 오디세우스로부터 배울 수 있는 지도자의 미덕은 적지 않습니다. 자애로움, 지혜로움, 인내심, 의지력, 정성 등은 이 시대의 지도자들이 본받고 계승해야 할 값진 유산입니다. 동료들을 자신의 몸처럼 아끼는 오디세우스의 헌신에서 사랑의 리더십을 배울 수 있습니다.

트로이 전쟁을 승리로 이끈 뒤 아내 페넬로페와 아들 텔레마코스가 애타게 기다리는 이타카의 궁전으로 돌아오는 길에 오디세우스는 동지들과 끊임없는 모험과 고난을 겪게 됩니다. 절박한 운명의 낭떠러지에 서게 되는 순간이 한두 번이 아니었습니다. 사람을 잡아먹는 외눈박이 거인족 '퀴클로페스'[2]와 그 종족의 일원인 '폴리페모스'[3] 그리고 마녀이자 괴물인 '세이레네스'[4]를 만나 목숨을 잃을 뻔했던 위기의 상황들이 잊을 만하면 반복됩니다. 목숨을 위협하는 상대방과 장소만 달라졌을 뿐입니다.

관계 능력을 발휘하는 리더, 오디세우스

오디세우스의 동지들은 '좌절'의 모래알을 먹고 '낙담'의 눈물을 마시는 데 익숙해지고 말았습니다. 바다에서 보낸 역경의 세월이 무려 20년이었으니 그들의 심정도 충분히 이해할 만합니다. 세이레네스의 섬을 가까스로 벗어나는 순간에 집채만 한 파도가 배를 집어삼킬 듯이 덮쳐 오는 모습을 바라보며 선원들은 "모두 공포에 사로

잡혀 자기도 모르게 노를 손에서 놓치고"5 말았습니다. "모든 노가 물결에 휩쓸려 떨어지는"6 바람에 그들의 배는 더 이상 앞으로 나아가지 못했습니다. 공포에 억눌려 선원들의 손이 마비되었나 봅니다. 그러나 그들은 오디세우스의 동지이기 이전에 부하이며 국민입니다. 오디세우스는 이타카의 국왕이니까요. 넓은 가슴으로 그들을 끌어안고 자애로운 손길로 그들을 보살피는 지도자의 덕성이 빛을 발합니다. 희망의 불씨를 찾기 어려운 절망의 어둠 속에 갇혀 있을 때 오디세우스는 동지들의 기운을 북돋우는 조언을 아끼지 않습니다. 그의 말을 들어 볼까요?

"여보게 동지들, 우리는 여태껏 온갖 재난을 겪어 왔어. 사실 이제 닥쳐오는 재난은 퀴클로페스에게 겪은 것보다는 크지 않아. 그 거인이 넓은 동굴에 우리를 억지로 가두어 두려고 했지만, 나는 그 때 나의 행동과 사려 분별로 재앙을 면했었지. 지금 일도 나중에 추억으로 남게 될 거야. 자, 그러니 내가 시키는 대로 해 보지 않겠나. 그대들은 놋자리에 각기 앉아서 놋대로 깊은 바다 물결을 헤치고 나가는 거야. 제우스 신께서 이 파멸의 재난을 잘 모면하게 해 주십사 하고 빌면서. 그리고 키잡이에게 말해 둘 테니 잘 명심해 듣게나. 자네는 가운데가 깊숙한 배의 키를 잡고 있느니만큼, 저기 보이는 안개와 파도의 바깥쪽으로 배를 돌려 빼내야 하는 거야. 다음은 뾰족한 바위 옆을 잘 따라가야 해. 자칫 방심하여 그 바위 옆 뱃길을 놓치고 우리를 파멸에 떨어뜨리면 안돼.”

– 호메로스,《일리아스/오디세이아》, 이상훈 옮김, 동서문화사, 1978, p.713

"파멸"할 수도 있는 위급한 상황입니다. 그러나 오디세우스는 침착함을 잃지 않고 동지들을 격려합니다. 머릿속에 떠오른 지혜로운 방법을 가르쳐 주면서 동지들의 불안한 마음을 안정시키려고 최선을 다합니다. 오디세우스의 격려와 조언에서 리더십의 참모습을 엿볼 수 있습니다. '마르틴 부버Martin Buber'라는 이름을 들어 보셨나요? 한국의 대중에게는 생소할 수도 있겠지요. 1923년《나와 너》라는 저서를 통하여 인간의 능력 중에서 가장 중요한 능력이 "관계 능력"[7]임을 강조했던 오스트리아의 사상가입니다. '나'와 함께 대화를 나누는 '너'의 입장에 서서 '너'의 말에 경청하고 '너'의 상황을 이해하면서 '너'의 생각에 공감하려는 노력을 기울일 때 '나와 너'는 서로 소통하는 진정한 '만남'을 가질 수 있다고 부버는 주장하였습니다. 그의 말을 빌려서 이야기한다면 "존재 전체를 기울여"[8] 상대방의 말에 "응답하는"[9] 대화를 나눌수록 상대방과 조화롭게 소통하는 능력을 향상시킬 수 있다는 것입니다. 그 능력이 바로 부버가 말했던 '관계 능력'입니다.

부버의 눈길로《오디세이아》를 읽는다면 오디세우스를 탁월한 관계 능력을 발휘하는 리더라고 인정하지 않을까요? 동지들이 절망의 막다른 절벽에 부닥쳐 주저앉아 있을 때마다 오디세우스는 각각의 사람을 '나'의 친구인 소중한 '너'로 받아들였습니다. '너'의 인격을 존중하고 '너'의 축 처진 어깨를 추스르면서 생명을 잃을 수 있는 순간에도 '나와 너'의 협력을 포기하지 않았습니다.

"지금 일도 나중에 추억으로 남게 될 거야. 자, 그러니 내가 시키는 대로 해 보지 않겠나."

오디세우스의 위로와 권유에 귀를 기울여 보세요. 부버가 말한 것처럼 "나와 너" 사이에 정성을 기울여 대화하고 소통하는 조화로운 "상호 관계"가 공동체의 어려움을 극복할 수 있는 좋은 해법임을 알게 됩니다.

'인간다움'의 교훈을 일깨우는 고전 중의 고전

《일리아스》와 《오디세이아》는 다양한 인간의 모습을 통하여 인간에 대한 이해심을 키워 주는 고전古典입니다. 서로를 존중하면서 공생하고 협력하는 것이 인생의 지름길이라는 것을 깨닫게 해 주니까요. 그렇다면, 고전이란 무엇일까요? 옛 시대의 저작물이지만 시대를 초월해 현대인들에게도 꼭 필요한 교훈을 안겨 주는 휴머니즘의 책을 고전이라고 말할 수 있지 않을까요? 본래 '휴머니즘Humanism'과 '휴머니티Humanity'의 어원은 라틴어 '후마니타스Humanitas'라고 합니다. 후마니타스는 '인간다움'이란 뜻을 지니고 있습니다. 14세기 르네상스 시대를 열었던 인문주의자들은 '인간다움을 연구'하는 것을 인문주의의 핵심으로 보았다고 합니다. 그들은 '인간다움을 연구'하기 위하여 주로 어떤 책을 읽었을까요? 그들의 손에서 떠나지 않았던 책은 고전이었습니다. 그들은 그리스어, 로마어, 라틴어로 기록된 고전을 읽고 번역하고 분석하는 일에 심혈을 기울였다고 합니다. 고전 속에 진정한 '인간다움'이 담겨 있다고 믿었기 때문입니다.

캄캄한 지층의 어둠을 뚫고 황금을 캐내는 광부들처럼 '고전'이라는 아름다운 조개 속에서 '인간다움'이라는 진주를 얻기 위하여 인문주의자들은 촛대의 심지가 닳아 없어지는 것도 모른 채 밤을 새워 고전을 읽고 또 읽었다고 하네요. 그런데 그들이 가장 아꼈던 고전의 목록에서 언제나 제외되지 않았던 책이 바로《일리아스》와《오디세이아》였습니다. 어느 시대, 어느 독자가 읽더라도 '인간다움'의 교훈을 일깨워 주는 고전 중의 고전이라고 확신했기 때문입니다. 인문주의자들의 가슴에 '인간다움'을 각인시켰던 요소들이 다양하겠지만 그 중에서도 오디세우스가 보여 주었던 사랑과 소통의 리더십이야말로 가장 인간다운 미덕의 보물이라고 말할 수 있지 않을까요? 서사시의 웅장한 스펙터클을 자랑하는《일리아스》와《오디세이아》. 이 위대한 고전 속에는 수천 년이 지나도 도무지 식을 줄 모르는 따뜻한 인간다움의 온기가 흐르고 있습니다.

덕德으로 정치를 하는 것은 북극성은 제자리에 있고
여러 별이 그 주위를 도는 것과 같다.

− 공자(孔子)

2장

제왕의 정치는 민중의 삶에
어떻게 반영되는가?

에드워드 핼릿 카의 역사관으로 이해하는
사마천의 《사기史記》

사마천(司馬遷, 기원전 145~86)

중국 전한(前漢) 시대의 역사학자로 모든 중국인에게 '역사의 아버지'로 추앙받는
역사학의 대명사이다. 28세에 '낭중(郞中)'이라는 하급 관리가 되었다고 한다. 고
위 관료가 아닌데도 한무제의 총애를 받은 것을 보면 탁월한 지성과 인성을 겸비했
던 것으로 보인다. 백성들의 살림을 돌아보는 민정시찰과 국가의 안위를 위한 제천
(祭天) 행사에 한무제는 언제나 사마천과 동행했다고 한다. 아버지 사마담이 세상
을 떠나면서 "역사를 집필하라"는 유언을 남겼고, 아들 사마천은 그것을 사명으로
받듦과 동시에 아버지의 관직인 '태사령'을 물려받았다. 역사서를 서술하기에 합
당한 사관(史官)의 관직을 얻은 것이다. 그러나 예기치 않은 사건에 의해 한무제로
부터 궁형(宮刑)이라는 치욕스런 형벌을 받은 사마천. 그는 꺾일 줄 모르는 의지와
노력으로 방대한 역사서《사기》를 완성하였다. 그의 인생은 마지막 숨결이 끊어지
는 순간까지도 '역사의 진실'을 세상에 알려야 한다는 역사가의 역사의식과 소명
의식을 우리에게 전해 준다. 그 소명의식은 아버지 사마담으로부터 아들 사마천에
게로 계승된 것이며 후대의 역사가들에게 사마천이 물려 준 유산이기도 하다.《사
기》는 인류가 중국의 대표 역사서로 인정하는 사마천의 유일무이한 대표작이다.

| 작품 소개 |

사기史記

사마천은 아버지 사마담의 유언을 받고 《사기》의 집필을 시작한 지 약 20년만에 필생의 염원을 이룬다. 《사기》가 완성된 때는 기원전 90년경으로 추정된다. 그리스의 역사가 헤로도토스가 저술한 《역사》를 서양 역사서의 뿌리라고 한다면, 《사기》는 한국과 일본을 비롯한 동양 역사서의 뿌리다. 기전체(紀傳體)로 기록된 최초의 역사서이기 때문이다. 그 이전까지는 편년체(編年體)로 쓰여진 역사서만 존재했다. '편년체'란 역사적 사건들을 발생 년도에 따라 연대 순서로 기록한 연대기의 문체다. '기전체'란 제왕의 즉위 연대를 중심으로 사건을 연대기 형식으로 기록하는 '본기'를 뼈대로 삼는다. 이 뼈대 위에 열전이라는 살을 입힌다. '열전'이란 역사의 전개 과정에 영향을 끼친 인물들의 삶을 전기의 형식으로 서술한 글이다. 본기의 '기'와 열전의 '전'이 결합되어 형성된 낱말이 '기전체'다. 편년체의 역사서가 역사적 사실(史實)을 기록하는 것에 그치는 단순한 연대기에 불과하다면, 기전체의 역사서는 역사가의 역사관을 통하여 사건과 인물을 해석하고 평가하는 '역사의식'을 지니고 있다. 그러므로 최초의 기전체 역사서 《사기》는 후대의 모든 동양 역사들들에게 크나 큰 영향을 줄 수밖에 없었다. 고려 시대의 《삼국사기三國史記》와 《고려사高麗史》도 《사기》의 문체인 기전체로 서술된 역사책이다. 《사기》는 전설상의 태평성대였던 요순시대(堯舜時代)부터 사마천이 직접 겪은 한무제의 시대까지 약 2천 년의 역사를 다루고 있다. 무엇보다도 2천 년 동안의 방대한 중국 역사와 문화, 풍물, 인물, 사상, 사물 등이 책 속에 집대성되어 있다. 《사기》를 동양의 전무후무한 '백과전서'라고 해도 지나친 말은 아닐 것이다.

(참고본: 《한 권으로 보는 사기》, 사마천 지음, 김진연 · 김창 옮김, 서해문집)

1
《사기》는
어떻게 집필되었는가?

중국 각지를 여행한 사마천

사마천의 아버지 사마담司馬談은 한무제漢武帝 시절에 일종의 사관史官인 태사령太史令으로 직접 역사를 기록하는 사람이었습니다. 사마천이 아버지로부터 '역사' 서술의 영향을 받은 것은 불을 보듯 분명한 일입니다. 아버지에게서 역사뿐만 아니라 천문과 지리 등의 지식을 폭넓게 전수받았다고 합니다. 특히 어린 시절부터 즐겨했던 여행은 중국의 풍물을 직접 체험하는 '살아 있는 지식'의 통로가 되었습니다. 10세의 어린 나이에 아버지를 따라 한나라의 수도인 '장안'을 구경하면서 중국의 중심지 문화를 눈여겨볼 수 있었습니다. 20세부터는 중국의 전국 각지를 두루 여행하는 가운데 수년동안 백성들의 생활방식과 양상을 직접 보고 익히면서 견문을 쌓았습니다. 사마천은 여행을 통하여 중국 문화에 관한 폭넓은 지식을 얻었습니다. 이 풍부한 지식은 필생畢生의 대작《사기》를 전한前漢 시대의 왕조王朝 기록물이 아니라 중국의 문명과 중국인들의 문화까지도 포괄적으로 담아내는 진정한 역사서로 승화시켰습니다.

"역사를 집필하라"는 아버지의 유언

사마천은 아버지 사마담으로부터 "역사를 집필하라"는 유언만 물려받은 것이 아니었습니다. 사마담은 죽기 전까지《사기》의 서술 구조를 세우고《사기》속의 역사 이야기 37편을 거의 완성하여 아들에게 물려 주었습니다. 물론 이 위대한 역사서를 완성한 장본인은 사마천입니다. 그러나 이 책의 뼈대와 살을 어느 정도는 아버지로부터 부여받았기 때문에 그 은덕을 기리기 위해 사마천은《사기》를 '태사공서太史公書'라는 별칭으로 부른 것이 아닐까요? 아버지의 도움과 영향력을 칭송하고 그에게서 사명을 계승한 것을 만인에게 선언하고 있는 것입니다. 이러한 사실에서도 사마천의 훌륭한 인격이 드러납니다. 지나친 명예욕에 사로잡힌 사람 같으면 아버지의 후광을 숨기고 자신의 이름만을 드높이려고 했을 테니까요.

《사기》는 공자의《논어》와 함께 중국 문화를 대표하는 찬란한 문화유산입니다. 이 역사서는 사마천이 사관의 공직을 수행하던 시절에 한무제의 지시로 집필한 책이 아닙니다. 아버지 사마담의 유언과 사마천 자신의 사명감이 결합되어 탄생한 개인의 역사적 창조물입니다.

사마천에게 형벌을 내린 한무제

한무제의 총애를 받던 사마천은 자신의 인간다운 양심과 정의 때문에 인생에서 가장 큰 고난에 직면합니다. 한나라의 장군 이릉李陵이 북방의 흉노족과 전투를 벌이다가 패색이 짙어지자 적군에게 백기를 들고 투항했다고 합니다. 이 사건은 한무제의 분노를 폭발시켰습니다. 흉노에게 패배한 것도 모자라서 한나라 군대를 대표하는 장군이 적에게 투항했다는 것은 왕국과 왕조의 자존심을 무너뜨리는 일이라고 한무제는 판단하였나 봅니다. 그런데 한무제의 분노를 부채질하는 사건이 또 일어났습니다. 국가의 문제아問題兒가 된 장군 '이릉'을 사마천이 변호하고 나선 것입니다.

이릉이 투항했던 것은 어쩔 수 없는 상황에서 빚어진 것이므로 그동안 한무제에게 충성을 다하고 한나라를 위해 헌신했던 장군에게 선처를 베풀어 달라고 호소하는 사마천. 그러나 사마천의 변론을 배신으로 받아들인 한무제는 남자의 생식기를 거세去勢하는 '궁형宮刑'의 형벌을 그에게 부과하였습니다. 사마천이 누구입니까? 한무제가 가장 아끼는 신하가 아닌가요? '궁형'은 그동안 한무제와 사마천 사이에 쌓았던 신뢰의 탑을 한순간에 무너뜨리는 사건이었습니다. 국법에 의해 칼로 허리를 잘리는 사형을 받아들이거나 현금 50만 전錢을 내고 풀려나는 벌금형을 택할 기회도 주어졌습니다. 그러나 사마천은 거액의 벌금을 낼만큼 부자가 아니었습니다. 또한, '사형'을 받아들이면 아버지가 신신당부한 역사서의 서술을 포기하는 일이 되고 맙니다. 결국 사마천은 아버지의 유언을 지키고 자신의 사명을 실현하기 위해 남자에게는 '치욕'과 다름없는 '궁형'을 택할 수밖에 없었지요.

내시內侍를 의미하는 환관宦官들도 궁궐에서 아무 지장 없이 책무를 수행하는 것을 보아 왔던 사마천은 거세당하는 아픔을 지나가는 폭풍우로 여기고 《사기》의 집필에 모든 것을 집중합니다. 다만, 자신을 총애하였던 한무제로부터 궁형을 받은 것을 인간적인 배신으로 여긴 사마천은 《사기》의 문장 곳곳에 국왕에 대한 반감과 비판의식을 담아냈습니다. 그렇게 해서라도 가슴에 맺힌 자신의 한을 달래고 후대에 교훈을 전하려 했던 것입니다.

국왕의 신뢰를 회복하고 《사기》를 완성한 사마천

'역사'란 국왕과 왕조에 의해 가꾸어지는 정원이 아닙니다. '역사'란 민중의 눈물과 땀방울로 일구어 나가는 대지입니다. 그것을 가슴 깊이 느끼게 해 주는 민중사관民衆史觀의 물결이 《사기》의 강물이 되어 유장하게 흐르고 있습니다. 한무제의 분노가 누그러진 후에 '중서령中書令'이라는 관직을 부여받아 또 다시 국왕의 측근으로 문서를 다루게 된 사마천. 그러나 공직에 복귀한 것이 《사기》의 집필에는 그다지 큰 보탬이 되지는 않았던 것으로 보입니다. 서술의 마무리 단계로 접어든 상황에서 한무제의 복귀 제안을 받았기 때문입니다.

물론, '**화룡점정**畵龍點睛'이라는 말처럼 《사기》라는 용龍의 승천을 위하여 용의 눈을 그려 넣는 마지막 붓끝의 힘도 마음의 안정감에서 솟아나는 것이 아닐까요? 국왕의 신뢰를 회복하면서 정서적 안정감을 배가시킨 사마천은 《사기》라는 '가장 아름다운 열매를 위하여 비옥한 시간을 가꾸는'¹⁰ 완성의 순간 속으로 마지막 땀과 눈물을 쏟아부었습니다. 《사기》의 완성! 그것은 아버지의 유언과 역사가의 사명을 동시에 실현하는 쾌거였습니다. 먼 훗날에 이 역사책이 만인의 인정과 존경을 받음으로써 '궁형'이라는 치욕도 자연스럽게 씻길 수 있을 것이라는 개인적 기대감을 갖기에 충분한 결실이었습니다.

화룡점정 가장 중요한 부분을 완성한다는 것을 회화적(繪畵的) 비유로 표현한 고사성어. 중국의 전국시대(戰國時代) 양(梁)나라의 화가 장승유(張僧繇)가 용(龍)의 몸 전체를 그린 뒤 마지막으로 눈동자를 그려 넣었다고 한다. 눈동자와 함께 그림이 완성된 것이다. 그 완성의 순간에 용(龍)은 구름을 타고 하늘로 올라갔다고 한다. 화룡점정은 이 전설에서 유래하였다.

2
《사기》의 구조와
이름의 유래

민중의 고달픈 생활과 제왕의 정치

《사기》에서 사마천은 고대 중국의 대표적 왕국인 주나라의 역사, 춘추전국시대의 제후국들, 전국시대의 칠웅七雄으로 알려진 진시황의 진秦나라, 한韓나라, 위魏나라, 제齊나라, 초楚나라, 연燕나라, 조趙나라 등이 어떻게 일어나고 어떻게 멸망해 갔는지를 추적하고 있습니다. 춘추전국시대에 중국 대륙의 패권을 놓고 자웅을 겨루었던 수많은 군주와 제후의 활약은 물론이요, 그들 간에 벌어지는 약육강식과 공생의 서로 상반된 양상들을 폭넓은 시각으로 관찰하고 있습니다. 그러나 사마천은 수많은 제왕과 제후의 행적을 서술하는 데 그치지 않았습니다. 각 시대마다 피지배자인 민중이 겪는 고난과 애환을 조명하는 것을 놓치지 않았습니다. 민중의 고달픈 생활이 제왕의 정치와 어떤 연관성이 있는가를 뚜렷이 알게 해 주었습니다. 지배자의 정치에 따라 피지배자의 삶이 엄청난 시련의 장벽에 부닥치는 것을 읽어 내려갈 때는 맹자가 강조했던 **측은지심**惻隱之心'이 저절로 우러나옵니다.

'태사공기'의 줄임말 '사기'

《사기》는 제왕이든 민중이든 목표를 향해 나아가는 인간의 발길을 가로막는 '한계'의 가시덤불을 어떻게 헤쳐 나가며 어떻게 뛰어넘는지 그 투쟁과 극복의 과정을 따라가고 있습니다. 그러므로《사기》는 역사학 분야의 대표적 고전이면서도 인간에 대한 폭넓은 이해를 돕는 휴머니즘의 지침서입니다. 사마천의 집필 의도와《사기》의 구조를 알 수 있는 〈태사공자서太史公自序〉의 일부분을 읽어 볼까요?《사기》의 '에필로그'와 같은 글입니다.

"흩어져 사라진 옛 기록들을 찾아내고 한 데 모아서 역대 왕조의 흥망성쇠를 탐색하여 사실에 토대를 두고 논술하였다. 하夏 나라, 은殷 나라, 주周 나라 3대 제국의 대략적인 역사와 진秦 나라 및 한漢 나라의 역사와 그리고 위로는 황제헌원씨黃帝軒轅氏 로부터 아래로는 지금에 이르기까지를 본기本紀 12편으로 나누어 (연

측은지심 맹자가 제시했던 사단(四端) 중 하나이다. '사단'이란 인간의 본성에서 생겨나는 선한 마음이다. 그것을 맹자는 '측은지심', '수오지심', '사양지심', '시비지심'이라 불렀다.

대기) 순서대로 기록하였다. 그러나 같은 시대에 존재한 나라들도 그 세계가 서로 다르고 연대가 분명하지 않은 점이 있기 때문에 표 10편을 별도로 만들었다. (…) 또한 의義를 세우고 자신을 필요로 하는 때에 훌륭한 능력을 발휘하여 천하에 큰 공功을 세우고 명예를 드높인 사람들을 위하여 열전列傳 70편을 지었다. 이렇게 해서 모두 130편, 52만 6천 5백자에 달하는 책이 완성되니 그 이름을 '태사공서太史公書'라 한다."

– 사마천, 《한 권으로 읽는 사기》, 김진연 · 김창 옮김, 서해문집, 2004, P.38-39 참조

'사기'라는 명칭은 사마천에 의해 붙여진 것이 아닙니다. 사마천은 〈태사공자서〉에서 "이리하여 모두 130편, 52만 6천 5백자에 달하는 책이 완성되니 그 이름을 '태사공서太史公書'라 한다"[11]고 역사서의 이름을 명시하고 있습니다. 아버지 사마담의 유지를 받들어 집필한 사실을 널리 알리기 위해 한무제가 추증한 아버지의 시호諡號이자 자신에게 계승된 시호 '태사공'을 책의 이름으로 가져온 것

사마천의 고향에 세워진 그의 동상. 그의 고향은 현재 산시(陝西) 성의 도시 한청(漢城)이다.

입니다. 역사가의 소명의식을 대를 이어 계승한다는 각오가 '태사공서'라는 이름 속에 담겨 있습니다. 사마천은 '태사공서'와 함께 '태사공기太史公記'라는 이름으로도 이 책을 명명했다고 합니다. '사기史記'라는 이름은 이 '태사공기'를 두 글자로 줄인 것임을 알 수 있습니다. 그러나 사마천이 직접 이 책을 '사기'라고 부른 적은 단 한 번도 없었다고 하네요. '태사공기'의 저자가 후손에게 '사기'라는 약칭略稱으로 줄일 것을 당부한 적도 없었나 봅니다. 그렇다면 동양 역사학의 뿌리인 '사기'라는 대작의 명칭을 도대체 누가 붙인 것일까요?

'<태사공서> 혹은 <태사공기>를 사마천이 기록했다'

나관중의 《삼국지연의三國志演義》에 등장하는 '조조曹操'라는 이름을 들어 보셨죠? 후한後漢이 무너지면서 한나라가 멸망한 후에 위나라와 촉나라와 오나라의 삼국이 드넓은 중국의 땅을 놓고 힘을 겨루던 바로 그 '삼국지'의 역사 이야기 속에 등장하는 영웅이 조조입니다. 그는 위나라의 건국에 기초를 닦았던 인물입니다. 아들인 조비曹丕는 아버지 조조가 쌓아 놓은 든든한 토대 위에 '위' 제국을 세울 수 있었습니다. 위나라는 서기 265년에 사마염司馬炎의 진나라에게 멸망당하기까지 45년의 짧은 역사를 지닌 채 사라졌습니다. 그런데 위나라의 '순열荀悅'이라는 역사학자가 기록한 역사서 《한기漢紀》의 제30권을 펼쳐 보면 '태사공사마천사기太史公司馬遷史記'라는 이름을 읽을 수 있다고 합니다. 〈태사공서〉 혹은 〈태사공기〉

를 사마천이 기록했다는 뜻이겠지요. 위나라의 《한기漢紀》에 '사기'라는 이름이 등장하면서부터 '태사공서'와 '태사공기'라는 이름은 잊히고 후대의 중국인들은 사마천의 역사서를 '사기'라고 불렀다고 합니다. 위 제국의 시대는 한무제가 다스리던 전한前漢 시대보다 약 3백 년 뒤에 이어집니다. 그렇다면 '사기'가 사마천의 생존 시절에 붙여진 이름이 아니라는 사실이 분명해집니다.

3
비평하고 풍자하며 교훈을 말하는
역사 이야기의 보고

'역사'라는 집을 짓는 '역사가'의 역할

《사기》는 130편의 글로 이루어진 방대한 역사서입니다. 본래 '역사'란 사실史實과 사료史料라는 토대 위에 세워진 '집'과 같습니다. 역사가는 수많은 사실과 풍부한 사료를 조합하여 역사의 토대를 형성합니다. 이 토대 위에 '역사의식'이라는 기둥을 세우고 '교훈'이라는 벽돌을 쌓아 올려서 현재보다 나은 미래의 아침을 향해 드높은 비전의 창을 냅니다. 우리는 '역사'라는 집을 짓는 역사가의 건축가적 역할을 에드워드 핼릿 카Edward Hallett Carr의 《역사란 무엇인가》에서 배울 수 있습니다. 여러분이 지금 읽고 있는 이 책의 11장을 펼쳐 보세요. 사마천도 카와 같이 자신의 역사의식에서 우러나오는 교훈과 비전을 후대에 전하고 있습니다.

전설과 민담, 사료를 수집한 사마천

《사기》가 방대한 것은 그만큼 사마천이 수집한 사료의 수와 양이 많다는 것을 말해 줍니다. 그는 집필을 위해 무려 103종의 문서와 문헌을 열람하였다고 합니다. 단지 책을 통해서만 사료를 모은 것은 아닙니다. 20세부터 전국을 돌아다니면서 유람과 여행을 즐겨하던 사마천은 역사적 사실을 증명할 만한 타당성이 있는 전설과 민담을 백성들의 증언을 통하여 직접 수집하였습니다. 그는 민중의 삶이 반영된 이야기와 책 속의 풍부한 지식을 적절히 조화시켰습니다. 그러다 보니 《사기》는 일연의 《삼국유사》처럼 사료와 사실을 바탕으로 하면서도 문학의 픽션적 요소가 가미되어 있는 '역사 이야기'의 보고寶庫가 되었습니다.

에드워드 핼릿 카의 서술 방식에 가까운 《사기》

사마천은 역사상의 인물과 사건을 때로는 비평하고 때로는 비유적으로 풍자합니다. '비평'에는 역사가의 역사관이 반영되기 때문에 카가 말한 것처럼 "현재 생활을 영위하고 있는 사회"[12]의 "시대적 관점"[13]에 의해 비평을 시도할 수밖에 없겠지요. 그러므로 역사가로서 본연의 임무인 객관적 '진실'을 알리는 성과를 얻게 된 것입니다. 그러나 사건과 인물을 기묘한 모습으로 비틀어서 비꼬듯이 비판하는 '풍자'에서는 문학적 주관성이 발견되기도 합니다. 따라서 사마천의 《사기》는 19세기 유럽 역사학의 주류를 이루었던 레오폴드 폰 랑케Leopold von Ranke 이후의 실증주의 역사학의 성향과는 상당히 다릅니다. 실증주의 성향보다는 카의 서술 방식에 보다 더 가깝습니다.

한무제에 대한 비판의식

카는 역사가를 생선[14] 조리사에 비유했습니다. 과거의 사실을 현재 사회의 가치관에 의해 해석하고 평가하는 "조리"[15] 과정을 통하여 후대의 사람들에게 '교훈'이라는 훈제 생선을 안겨 주고자 하는 역사 서술이《사기》에서도 발견됩니다. 카의 말을 빌려 온다면 "현재와 과거 사이의 대화"[16]라는 양상을 사마천의《사기》에서 읽을 수 있는 것입니다. 특히 사마천 자신이 활동했던 한무제 시대의 인물들과 사실들을 다른 시대의 인물이나 사건보다 훨씬 더 많이, 상세하게 서술하고 있는 점을 눈여겨볼 필요가 있습니다. 그가 직접 경험했던 시대라는 이유가 크게 작용했겠지요? 그러나 절대권력을 휘두르며 제왕의 권한을 남용하는 한무제에 대한 비판의식을 부각시키려는 의도가 더 컸던 것으로 보입니다. 맹자가 전국시대의 제왕들에

사마천에게 '궁형'의 치욕을 안겨 준 한 무제. 본명은 '유철'이다. 궁형은《사기》의 집필을 가속화시키는 자극제가 되었다. 사마천은 이 역사서에서 한무제의 압제에 대한 비판을 망설이지 않았다.

게 권면하였던 '**왕도정치**王道政治'란 **인**仁과 **의**義로써 백성들을 다스리는 것이었지만 한무제는 사마천이 소망하는 왕도정치와는 동떨어진 임금으로 평가되었기 때문입니다.

왕도정치 민심(民心)을 하늘의 뜻인 천심(天心)으로 받들어 백성의 마음을 헤아리고 존중하는 정치이다. 유학의 근본이념인 '인(仁)'에 바탕을 둔 정치이다.

인과 의 맹자의 가르침을 그의 제자들이 기록한 《맹자》에서 맹자는 양(梁)나라의 혜왕(惠王)에게 "오직 인(仁)과 의(義)가 있을 따름입니다"라는 조언으로 왕도정치를 권면하고 있다.

4
'열전'을 통해 살펴보는
제왕과 민중의 상호관계

인물의 공적을 중심으로 엮은 '열전'

《사기》는 편년체로 기록된 '연대기'와 기전체로 기록된 '본기本紀'
및 '열전列傳'으로 구성되어 있는데 '본기'는 12편에 불과하고 '열전'
은 70편에 달해서 그 분량으로 보아도 '열전'이 중심이라는 것을 알
수 있습니다. 사마천이 써 내려간 '열전'은 인물들의 공적을 중심으
로 역사적 의미가 있는 사실들을 역사가의 시각으로 해석하고 평가
하고 있습니다. 인물과 사건을 바라보는 역사가의 사상을 읽을 수 있
는 것입니다. 그러므로 《사기》의 핵심은 '열전'입니다. 사마천의 《사
기》를 '사기열전'이라 부르는 까닭도 여기에 있습니다. 70편의 '열
전' 속에는 〈조선(고조선) 열전〉이 제55편으로 서술되어 우리의 관심
을 불러일으킵니다. 사마천은 '열전'의 순서를 어떻게 편성하였을까
요? 중요한 인물들만 간추려서 간략히 살펴보겠습니다.

각양각색 인물들의 일대기

" 1. 백이 열전(백이와 숙제) 2. 관안 열전(관중과 안자) 3. 노장신한 열전(노자와 장자와 신불해와 한비자) 5. 손자오기 열전(손무와 오기 장군) 7. 중니제자 열전(공자의 제자들) 14. 맹자순경열전(맹자와 순자) 24. 굴원가생 열전(굴원과 가생) 25. 여불위 열전(여불위) 32. 회음후 열전(한신) 41. 원앙조조 열전(원앙과 조조) 45. 편작창공 열전(편작과 창공) 46. 오왕비 열전(유비) 59. 순리 열전(관대한 관리들, 손숙오와 자산과 공의휴와 석사와 이이) 61. 유림 열전(유학자들, 동중서를 포함한 8인) 64. 유협 열전(협객들, 주가와 왕맹과 곽해) 66. 골계 열전(해학과 유머의 달인들, 순우곤과 우맹과 우전) 70. 태사공자서"

– 사마천,《한 권으로 보는 사기》, 김진연 · 김창 옮김, 서해문집, 2004, p.18~21

제1편 〈백이 열전〉부터 제70편 〈태사공자서〉 이전까지 각양각색의 신분과 역할을 가진 인물의 일대기가 펼쳐집니다. 임금, 신하, 장군, 관리, 사상가, 작가, 협객, 해학가諧謔家에 이르기까지 '역사'의 황무지를 개척하고 비옥하게 가꾸어 나간 다양한 농부들을 조명하고 있습니다. 제왕의 정치행위만을 조명하는 열전이었다면 역사서로서 갖는《사기》의 역사학적 의미는 적었겠지요. 그러나《사기》에서 서술된 인물의 전기는 매우 포괄적이고 다채롭습니다.

충성스런 신하의 대명사인 백이와 숙제, 노장사상老莊思想의 창시자로 알려진 사상가 노자와 장자, 법가法家사상의 대들보 한비자, 《손자병법》의 저자 손무孫武, 공자(중니)의 유학을 이어받고 전파한 제자들, 공자의 사상을 더욱 발전시킴으로써 '유학'을 명실상부한 중국철학의 정점으로 끌어올린 맹자, 멱라수汨羅水에 몸을 던진 시인 굴원,《삼국지》의 주인공인 유비와 조조, 우리 나라의 '허준'과 비교되는 중국의 명의名醫 편작, 대대로 중국을 괴롭혀 온 북방의 침략 민족 '흉노', 한나라의 이웃이고 2천 년의 역사를 자랑했지만 결국 한나라에게 멸망당하는 '조선', 관대한 마음으로 백성의 삶을 보살폈던 관리들, 우리나라의 홍길동과 임꺽정을 떠올리는 중국의 협객들, 만인에게 웃음을 선사했던 해학의 재주꾼들…. 정말로 다양하지 않습니까? 열전에 등장하는 인물들은 모든 중국인이 관심을 가질 만한 역사의 증인들입니다.

요 임금과 순 임금의 "검소한 일상생활"

사마천은 제왕과 귀족과 평민 모두가 자신들의 인생과 연관 지어 생각해 볼 수 있는 인물의 행적에 주목합니다. 맹자가 그토록 강조했던 인과 의로써 백성을 다스렸던 전설상의 두 임금이 있습니다. 너무나 유명한 요堯와 순舜입니다. 사마천은《사기》의 〈태사공자서〉에서 묵가의 글을 인용하여 요 임금과 순 임금의 "검소한 일상생활"을 주시하고 있습니다.

"요와 순의 집은 마루의 높이가 석三 자다. 흙으로 지은 계단도 세 개밖에 되지 않는다. 지붕은 띠풀로 엮어 만들었을 뿐이고 처마 끝도 모난 모습이다. 서까래도 좀처럼 다듬은 흔적이 보이지 않는다. 밥그릇으로 사용하는 토기에 우둘투둘한 잡곡밥을 담아 나물국을 곁들여 먹는 것으로 만족하였다. 여름에는 칡베옷을 입고 겨울에는 사슴가죽옷을 입었다. 이와 같이 요와 순의 일상생활은 검소하였다."

– 사마천,《한 권으로 보는 사기》, 김진연 · 김창 옮김, 서해문집, 2004, p.27

요와 순이 이끌었던 태평성대를 이른바 '요순시대'라고 부릅니다. 순 임금은 요 임금의 아들이 아님에도 그 인성과 능력을 인정받아 왕위를 계승한 인물입니다. 백성을 사랑하는 '섬김'의 정신과 겸손한 마음이 '요' 임금을 감동시켰다고 합니다. 그만큼 요 임금은 혈연과 지연에 얽매이지 않고 인재를 공정하게 등용하는 '의義'의 왕이었던 것입니다. 게다가 백성을 사랑하여 백성의 살림을 돕는 일에 정치의 우선순위를 두었습니다. 요 임금은 언제나 백성의 미래를 염려했던 '인仁'의 왕이기도 했습니다. 그러므로 사치와 방탕을 정치의 적으로 생각하고 백성과 동일한 삶의 수준을 유지하며 청빈한 제왕의 문화를 지속하였습니다. 성자 혹은 현자로 칭송받는 요 임금의 정신은 고스란히 순 임금에게 계승됩니다.

'겸애'를 실천하는 제왕

중국 춘추시대의 노魯나라 학자 '묵자墨子'라는 이름을 들어 보셨나요? 겸애설兼愛說로 대표되는 묵자의 사상을 추종하는 학파를 '묵가墨家'라고 합니다. 그런데 이 학파가 "요와 순의 도道를 숭상하여 그 덕행을 찬양하고 있다"[17]고 사마천은 〈태사공자서〉에서 분명히 말하고 있습니다. 존경심을 담아 찬양하는 까닭은 사마천의 인용문에서 밝혀졌듯이 요와 순의 "검소한 일상생활"에 있습니다. 묵가 학파가 받드는 묵자의 '겸애'를 생각해 본다면 그들이 요와 순을 숭상하는 이유는 더욱 분명히 드러납니다. '겸애'란 조건과 이해관계 없이 모든 사람을 동등하게 사랑하고 서로의 상호관계 속에서 서로를 이롭게 하는 이타적 마음과 행동입니다. 이 '겸애'의 관점으로 요 임금과 순 임금의 일상생활을 한 번 바라볼까요?

요와 순은 모든 백성을 차별 없이 사랑하고 백성의 살림을 먼저 이롭게 하는 '겸애'의 왕으로 묵가 학파에게 인식된 것입니다. 겸애를 실천하는 요와 순의 생활방식은 무엇이었을까요? 그것은 "칡베옷을 입고 띠풀로 엮은 지붕" 아래 살면서도 만족할 줄 하는 검소와 청빈이었습니다. 사마천은 그들의 청빈과 검소에 주목하고 있는 것입니다. 제왕의 정치가 민중의 삶에 어떻게 반영되는가에 사마천은 큰 관심을 가졌습니다. 민중과 제왕 간의 상호관계가 조화로울수록 '역사'의 수레바퀴는 순탄한 길을 달려갈 수 있다고 믿었던 것입니다.

인과 의를 제왕의 미덕으로 생각하는 유학의 정신이 사마천의 《사기》를 움직이는 리모컨 역할을 합니다. 민심을 천심으로 받들고 백성의 뜻을 헤아려 백성의 삶을 형통하게 하는 지도자의 정치가 '역사'를 발전시키는 원동력임을 후대에 알리려고 했던 것이 아닐까요? "역사란 현재와 과거 사이의 대화"라는 카의 말이 다시한 번 떠오릅니다. "현재 사회"를 살아가는 우리들이 "시대적 관점"의 두레박으로 "과거"의 우물 속에서 길어 올릴 교훈의 생수는 바로 이 인仁과 의義의 정치 아닐까요?

자연으로 돌아가라!
- 장 자크 루소(Jean-Jacques Rousseau)

3장

자연의 품에서 탄생한 고대 왕국의 건국 신화

루소의 자연철학으로 이해하는
일연의 《삼국유사》

일연(一然, 1206~1289)

본명은 김견명(金見明)이다. 경상북도 경산에서 출생하였다. 고려 충렬왕 때의 승려로서 '보각국사(普覺國師)'라는 이름으로 불리었으며 나라의 정신적 지도자 위치에 있는 선사(禪師)였다. 충렬왕 재위 3년인 1277년에 왕명으로 운문사(雲門寺) 주지 스님으로 취임하였고, 1281년에는 충렬왕에게 불교의 가르침을 설파할 정도로 국왕의 스승으로 존대를 받았다. 그리하여 1283년에는 나라의 가장 큰 어른인 국존(國尊)으로 추대되었다. 일연의 이력에서 알 수 있듯이 그는 고려 왕실의 '불교' 정책에 크게 기여하였고 고려 백성의 불교문화를 진흥하는 데 가장 중요한 역할을 하였다. 무엇보다도 그의 이름은《삼국유사》라는 역사책의 저자로 각인되어 있다. 일연의 대표 저서로는 이 책과 함께《조정사원 祖庭事苑》과《선문염송사원 禪門拈頌事苑》이 있다.

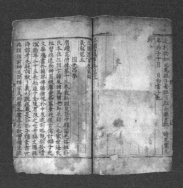

| 작품 소개 |

삼국유사 三國遺事

삼국시대의 역사를 서술한 역사책이다. 고려 충렬왕 7년인 1281년에 인각사(麟角寺)에서 편찬한 것으로 알려져 있다. 대한민국 국보로 지정된 고대의 찬란한 문화유산이다. 삼국인 고구려, 백제, 신라의 왕조 역사뿐만 아니라 '가야'로 알려진 가락국(駕洛國)의 왕조 역사와 고조선 이후 한민족이 세운 다양한 국가들의 흥망성쇠를 설화를 중심으로 기록하였다. '설화'는 민중의 입에서 입으로 구전되어 왔던 일종의 민담(民譚)이다. 민담은 민중 문학의 가장 중요한 장르이기도 하다. 그렇다면 《삼국유사》의 저자 일연은 독일의 야코프 그림(Jacob Grimm)과 빌헬름 그림(Wilhelm Grimm)의 행적처럼 한반도에 널리 퍼져 있던 고대의 민담들을 취재하고 수집하여 그 '민담' 속에 담겨 있는 역사를 부각시켰다고 볼 수 있다. 《삼국유사》는 설화 혹은 민담 속에 담겨 있는 왕조의 역사뿐만 아니라 백성들의 삶과 관련된 민중의 역사를 민중의 이야기 형식을 통하여 기록한 '민중 중심의 역사 문학'이라고 평가할 수 있다. 특히 고대의 역사를 다룬 역사서로서 이 책과 함께 쌍벽을 이룬 김부식의 《삼국사기 三國史記》와는 달리 단군신화를 전하고 있고, 고려 후기의 몽고 침략 시절에 대몽항쟁(對蒙抗爭)의 저항력을 단군신화의 민족의식에서 찾고 있다는 점에서, 《삼국유사》는 민족정신의 산파 역할까지도 하고 있는 귀중한 책이다. 특히 신화, 설화, 향가 등이 풍부하게 담겨 있어서 고대의 국문학 연구에 필수적인 자료의 원천이 되고 있다.

(참고본: 《삼국유사》, 일연 지음, 권상노 역해, 학원출판공사)

1
고대의 역사를 한눈에
볼 수 있는 〈기이〉

《삼국유사》는 전 5권 총 9편의 내용으로 구성되어 있습니다. 각 권과 각 편의 이름을 알아볼까요? 제1권 〈왕력王曆〉의 제1편, 제2권 〈기이紀異〉의 제1편과 제2편, 제3권 〈흥법興法〉의 제3편, 제3권 〈탑상塔像〉의 제4편, 제4권 〈의해義解〉의 제5편, 제5권 〈신주神呪〉의 제6편, 제5권 〈감통感通〉의 제7편, 제5권 〈피은避隱〉의 제8편, 제5권 〈효선孝善〉의 제9편. 이렇게 제목에서도 불교의 종교적 색채를 볼 수 있고 불교문화의 향기가 물씬 풍겨 나옵니다. 일연 스님이 보각국사로서 고려 왕조의 통치 이념인 불교의 정신세계를 대변하는 까닭에 나타나는 당연한 현상이 아닐까요?

불교적 색채를 띤 <왕력>, 왕들의 연대기

제1권 〈왕력〉의 제1편은 일종의 연대기와 같습니다. 고구려, 백제, 신라, 가야를 중심으로 기원전 57년부터 서기 936년 태조 왕건에 의해 후고구려, 후백제, 신라가 '고려'로 통일되기까지의 시대를 왕들의 재위 기간으로 나누어 기록한 연대 일람표입니다. 단순한 연대기이므로 재미있게 읽을 수 있는 기록은 아닌 듯합니다. 아마도 일연 스님이 기록한 것이 아니라 그의 사후에 누군가에 의해 덧붙여진 기록으로 보입니다. 일연 스님은 신화와 설화를 바탕으로 재미있게 이야기를 풀어내는 타고난 이야기꾼으로 알려져 있습니다. 이렇게 단순한 연대기만 나열하는 것으로 만족할 사람은 아닙니다.

<기이>, 고조선부터 남북국까지

제2권 〈기이〉의 제1편에서는 고조선과 위만조선의 역사를 기록하고 있습니다. '삼한'이라 불리는 마한 · 진한 · 변한도 등장합니다. 위만조선의 유민으로 구성된 칠십이국도 등장합니다. 칠십이국의 존재에 대해서는 처음 들어 보셨죠? 우리 조상들이 이렇게 많은 나라를 건설했다니? 흥미로운 일입니다. 한나라가 위만조선을 멸망시키고 그 땅에 설치한 **한사군**漢四郡의 일원인 낙랑군 · 북대방 · 남대방에 관한 기록도 있습니다. 다소 치욕스런 역사를 상기시켜 줍니다. 고구려와 힘을 겨루었던 부여에 관한 기록도 읽을 수 있습니

한사군 중국 한(漢)나라의 무제(武帝)가 기원전 108년에 왕검성의 함락과 더불어 위만조선을 멸망시킨 후에 그 땅에 설치한 낙랑군, 진번군, 임둔군, 현도군이다. 우리 민족으로서는 치욕의 역사를 증명하는 곳이기도 하다.

다. 부여는 생소하지 않지만 '이서국伊西國'이라는 생소한 부족 국가가 등장합니다. 이서국은 삼한 시대에 현재의 경상북도 청도군 지역에 위치하였던 부족국가라고 합니다. 그런데 자신들의 힘을 과신했는지 신라를 공격하다가 오히려 되치기를 당했다고 합니다. 서기 42년 신라 유리왕에 의해 신라 땅으로 복속되었다고 하는군요. 그러나 이서국의 살아남은 왕족 후손이 낙동강 서남쪽 너머에 가야국伽倻國을 만들었다는 견해가 있습니다. 또 몇몇 역사학자들은 이서국의 후예가 바다 건너 일본 땅에 이르러 나라를 건설했다고 주장하기도 합니다.

〈기이〉의 제1편에서는 삼국의 중심인 고구려와 백제에 관한 기록도 찾아볼 수 있습니다. 대조영을 도왔던 말갈족의 역사와 함께 발해의 역사도 펼쳐집니다. 또한, 오가야를 소개함으로써 가야국이 5개 지역이었다는 역사적 사실을 대중에게 알려 줍니다. 한국의 고대사를 전공하지 않으면 알기 힘든 사실이 아닐까요? 우리 민족의 고대사를 자세히 알 수 있는 역사적 지식의 보고가 《삼국유사》라는 생각이 듭니다. 이렇게 〈기이〉의 제1편은 고조선 시대부터 발해와 통일 신라가 공존하던 남북국 시대 이전까지의 역사를 망라하고 있습니다. 고대의 역사를 한눈에 파악하려면 《삼국유사》 중에서 〈기이〉를 제일 먼저 읽어야겠습니다.

2
한민족의 뿌리,
고조선의 건국 신화

일연 스님이 기록한 〈기이〉에서 한국인들로부터 가장 큰 관심을 받는 이야기는 고조선의 건국 신화입니다. 우리 민족의 뿌리를 찾는다는 생각으로 살펴볼까요?

"고기古記에는 말하기를, '옛날 환인(桓因, 하느님)의 서자 환웅桓雄이 자주 천하에 뜻을 두고 인간 세상을 탐내므로 아버지가 아들의 뜻을 알고 삼위三危 태백太伯을 내려다보았다. 아버지 환인이 내려다보니 인간 세상을 널리 이롭게(고조선의 건국이념인 '홍익인간') 할 만하므로 **천부인**天符印 세 개를 주어 내려가서 인간 세상을 다스리게 하였다. 환웅은 이에 3천명의 무리를 거느리고 태백산

천부인 천자(天子)의 위(位), 즉 하늘이 내린 황제 혹은 제왕의 제위(帝位)를 하늘이 인정한다는 표시로서 하늘이 내려 전한 세 개의 보인(寶印, 보물 같은 도장)이다.

꼭대기(지금의 묘향산) 신단(神壇, 신에게 제사 지내는 제단) 나무 밑으로 내려왔으니 이것이 곧 신시神市요, 이분을 환웅천왕이라'고 한다. 환웅은 풍백風伯, 우사雨師, 운사雲師를 거느리고(고조선 사회가 '농경 사회'임을 뜻함) 주곡主穀을 통해 곡식의 일을, 주명主命을 통해 인간 수명壽命의 일을, 주병主病을 통해 인간의 질병을, 주형主刑을 통해 인간의 형벌을, 주선악主善惡을 통해 인간의 선악을 주관하는 등, 인간 세상의 3백 60여 가지 일을 주로 하여 세상을 다스리며 교화하였다."

– 일연,《삼국유사》(세계사상전집 13), 권상노 역해, 학원출판공사, 1984, p.64~65 참조

'고기古記'란 옛 기록을 말합니다. 일연 스님은 이 옛 기록을 근거로 삼아 한민족의 최초 국가였던 고조선의 건국 신화를 이야기합니다.

환인이 '인간 세상을 널리 이롭게 할 만하다'는 확신을 갖고 아들 환웅에게 천부인 세 개를 주어 인간 세상을 다스리게 하였다는 신화의 이야기가 그림으로 형상화되었다. '널리 인간세계를 이롭게 한다'는 홍익인간의 이념은 하늘에서 살던 환웅이 품고 있었던 소망이며 그가 인간세계에 내려온 이유가 되었다.

한민족 구성원들이 한반도의 신화 중에서 가장 잘 알고 있고 또 가장 주목하는 신화의 내용이 바로 이 고조선 건국 신화입니다. 단지 신화의 내용이 신기하고 재미있기 때문일까요? '재미'만으로 손꼽아 본다면 고구려의 주몽 신화라든가 가야의 김수로 신화를 비롯하여 흥미로운 신화

들이 꽤 많습니다. 그럼에도 하느님인 환인과 그의 아들 환웅의 부
자관계에서 시작되는 고조선 신화가 한민족의 가장 대표적인 신화
로서 민족 구성원들의 주목과 사랑을 받는 이유는 무엇일까요? 그
것은 고조선이 한민족의 정통성을 갖고 있는 민족의 뿌리이자 한국
역사의 근원이기 때문입니다.

출생 과정에 담긴 단군왕검의 정치적 정통성

이제는 한민족의 역사에서 최초의 제왕이며 원조로 알려진 단
군檀君의 출생에 관하여 알아볼까요? 환웅이 지상에 내려와 인간세
상을 다스리는 과정에서 단군이 태어났다고《삼국유사》는 말합니
다. 환웅의 부인은 누구였으며 어떤 만남의 인연이 두 사람을 부부
로 맺어 주었을까요? 우리는 이미 어린 시절부터 단군의 출생 과정
을 잘 알고 있습니다. 대한민국 국민이라면 초등학교 교과서에서 필
수적으로 배우고 있는 내용이니까요. 모든 교과서에 등장하는 '단
군'에 관한 기록은 일연의《삼국유사》를 역사적 근거로 삼고 있다는
것을 잊지 말아야겠습니다. 그만큼《삼국유사》는 한국의 역사를 알
기 원하는 사람들에게 가장 중요한 문헌이라고 말할 수 있겠지요.
이 책에 기록된 환웅의 행적과 그의 아들 단군의 탄생 스토리를 계
속 읽어 보겠습니다.

"이 때, 곰 하나와 범 하나가 한 굴에서 살았다. 그런데 이들

은 언제나 신웅(神雄, 곧 환웅이다)에게 빌면서 사람이 되기를 원했다. 그러므로 신웅은 약쑥 한 줌과 마늘 20개를 주면서 '너희들이 이것을 먹고 1백일 동안만 햇빛을 보지 않으면 사람의 모습을 얻으리라' 하였다. 곰과 범이 그것을 얻어 먹고 37일 동안 햇빛 보는 것을 금하여 곰은 여자가 되었으나 그러나 범은 참지를 못하여 사람이 되지 못했다. 곰이 여자가 되긴 하였으나 서로 혼인할 사람이 없어 항상 신단 나무 밑에서 아이를 잉태하기를 빌고 원했다. 그래서 환웅이 일시적으로 남자로 변하여 웅녀와 결혼해 주었다. 웅녀가 아이를 낳으니 그가 곧 '단군왕검'이다."

– 일연,《삼국유사》(세계사상전집 13), 권상노 역해, 학원출판공사, 1984, p.65 참조

〈기이〉의 제1편에 기록된 이 신화의 이야기에 따르면 한민족의 조상인 단군왕검檀君王儉은 여자의 몸으로 다시 태어난 곰의 아들입니다. 물론 아버지는 천제의 아들 환웅입니다. 그가《삼국유사》에서는 "신웅"으로도 불리고 있네요. 하느님의 아들과 웅녀가 "혼인"을 맺었다는 것은 천상과 지상의 하모니를 의미합니다. 단군왕검이 하느님의 손자이므로 하느님의 대리자로서 지상의 세계를 다스리기에 전혀 부족함이 없는 가장 훌륭한 제왕임을 보증하는 이야기입니다. 역사학의 시각으로 이 신화를 바라본다면 '고조선'이라는 왕국과 그 임금인 단군왕검의 정치적 정통성을 강조하면서 백성들을 다스리기에 합당한 통치의 명분을 만들었다고 볼 수 있지 않을까요?

주몽, 하늘과 바다의 하모니가 빚어낸 결실

한민족의 고대 왕국마다 건국 신화를 갖고 있습니다. 이중 단군 신화와 닮은꼴의 이야기를 배경으로 생겨난 나라를 기억해 볼까요? 어떤 나라가 가장 먼저 떠오릅니까? 아무래도 고구려가 신화의 내용에 있어서 고조선과 가장 가까우리라 생각됩니다. 시대의 순서로 볼 때에도 고구려는 고조선 다음으로 세워진 북방의 한민족 국가입니다. 고구려의 시조 동명성왕東明聖王의 본명은 고高 씨 성姓을 가진 '주몽朱蒙'으로 알려져 있습니다. 그런데 고구려 건국 신화의 주인공인 주몽의 탄생 내력을 따라가 보면 단군왕검처럼 '하늘'에 기원을 두고 있습니다. 천제인 하느님의 아들 **해모수**解慕漱가 지상에 내려왔다고 하네요. 때마침 여동생들과 함께 압록강변에 소풍을 나온 '유화柳花'를 만난 해모수는 그녀와 사랑을 나누었다고 합니다. 그 후 유화의 몸에서 태어난 아이가 '주몽'입니다. 유화는 용왕龍王이자 해신海神인 하백河伯의 장녀로 알려져 있으니, 주몽은 하늘과 바다의 하모니가 빚어낸 결실이라고 볼 수 있습니다. 단군왕검의 출생 비밀과 비슷하면서도 조금은 다른 점도 보입니다.

해모수 고구려의 시초를 형성했던 북부여(北扶餘)의 시조(始祖)로 알려져 있다.

3
한민족의 시조는
자연의 총아인가?

웅녀를 길러 준 땅과 유화 부인을 길러 준 바다

단군왕검과 고주몽의 출생은 똑같이 하느님의 친손자라는 공통점에서부터 출발합니다. 어머니가 생물학상의 개념인 인류의 일원이 아니었다는 점도 두 번째로 같은 점입니다. 단군왕검의 어머니인 웅녀가 인간으로 거듭난 존재이지만 그의 본체는 곰이기 때문에 인류에 속할 수 없습니다. 고주몽의 어머니인 유화 부인도 마찬가지로 용왕의 딸이라면 인어 공주처럼 바다의 생물군에 속하는 생명체입니다. 압록강변에 놀러 나온 모습도 잠시 인간의 모습을 빌린 것일 뿐입니다. 땅의 동물과 바다의 동물이 아리따운 여자로 변신하여 하느님의 아들을 받아들였다는 것은 하늘과 지상의 결합에서 고대 왕국의 시조가 태어났다는 공통점을 말해 줍니다. 웅녀를 길러 준 땅과 유화 부인을 길러 준 바다는 우리가 잘 알고 있는 '자연'을 대표합니다.

인간을 낳아 주고 길러 준 '자연'의 상징

18세기 프랑스의 계몽사상가 **장 자크 루소**Jean-Jacques Rousseau 가 그의 명저《에밀》에서 모든 인간을 향해 "자연으로 돌아가라"고 말한 것이 생각나네요. 루소의 말 속에는 '자연'이 인간의 모태라는 의미가 담겨 있습니다. 인간은 자신의 근원이 '자연'이라는 사실을 자각하고 언제나 자연을 소중히 여기면서 자연과 조화를 이루는 '자연 친화'의 길을 걸어가야 한다고 루소는 주장합니다. 이러한 자연철학을 담고 있는 루소의 책이 바로《에밀》입니다. 루소의 눈에는 웅녀와 유화 부인이 어떤 존재로 비칠까요? 인간을 낳아 주고 길러 준 '자연'의 상징으로 다가오지 않을까요? 땅과 바다가 없다면 인류는 태어날 수도 없고 자라날 수도 없으니까요.

루소의 눈으로 바라볼 때 단군왕검과 고주몽의 어머니는 신 같은 초월적 존재가 아닌 '자연'을 상징합니다. 이것이 고조선과 고구려 건국 신화에서 읽을 수 있는 세 번째 공통점입니다. 이번에는 아버지 쪽으로 시선을 돌려볼까요? 단군왕검의 아버지 환웅과 고주몽의 아버지 해모수는 하느님의 아들로서 '하늘'을 대표하는 존재입니다. 그렇다면 한민족의 역사를 대표하는 고대 왕국의 시조들은

장 자크 루소 스위스의 제네바에서 출생한 프랑스의 계몽사상가이자 공화주의자, 직접 민주주의자이다. 그의 사상은 프랑스의 시민계급에게 지대한 영향을 주었고, '프랑스 대혁명'을 통해 부르봉 왕조의 절대왕정을 무너뜨리고 공화주의 사회를 형성하는 데 정신적 멘토가 되었다. 대표 저서로《사회계약론》,《인간 불평등 기원론》,《에밀》이 있다.

하늘과 땅과 바다의 **삼위일체**三位一體에서 태어난 모든 자연의 총아라고 말할 수 있습니다. 수많은 사람의 사랑을 한 몸에 받는 사람을 '총아'라고 하지요? 단군왕검과 고주몽은 '하늘'을 심장으로 간직한 전우주적 자연의 몸에서 태어난 아들이며 전우주적 자연의 '사랑'을 한 몸에 간직한 한국인의 선조입니다. 네 번째 공통점이군요. 〈기이〉의 제1편에 기록된 고조선의 건국 신화를 고구려의 건국 신화와 관련지어 루소의 자연철학으로 바라보는 것도 꽤 흥미로운 일입니다. 한민족은 예부터 자연을 사랑해 왔던 자연 친화의 민족이므로 이렇게 건국 신화에서도 '자연'과 융합된 인간의 모습을 만나게 됩니다.

자연을 근원으로 삼는 인간의 본래적 선함

루소는 《사회계약론》에서 "인간은 태어나면서 선하고 사회는 그를 타락시킨다"[18]라고 말했습니다. 루소의 말은 그가 갖고 있는 사상의 출발점이기도 합니다. 본래 인간은 '자연'이라는 순수한 모태이자 근원에서 태어난 존재이기 때문에 '선하다'는 것입니다. 그러나 인간이 '사회'라는 공동체를 형성하면서부터 자연의 법칙과 순리를 거스르기 시작하였고 '권력'을 가진 소수가 다수를 지배하는 '불평등'의 시대가 생겨났다고 합니다. 이 시대가 더욱 안 좋은 방

삼위일체 세 가지의 서로 다른 것이 하나의 동일한 목적을 이루기 위해 한 몸으로 통일된다는 뜻이나, 기독교(가톨릭과 개신교)에서는 성부 하느님과 성자 예수 그리스도와 성령(聖靈) 혹은 성신(聖神)이 동일한 신격을 갖고 있다는 교리를 나타낸다.

향으로 발전하다 보니 군주제와 신분제의 봉건사회가 굳어졌다는 얘기입니다. 그러므로 루소가 "자연으로 돌아가라"고 주장한 이유가 분명해집니다. 자연과 조화를 이루는 삶으로 돌아갈 때에 인간은 본래의 '선함'을 회복할 수 있고, '평등'하였던 인간의 본래적 모습으로 돌아갈 수 있다고 믿기 때문입니다.

루소의 견해에 고조선의 건국 신화를 비추어 볼까요? 단군왕검은 전우주적 자연의 몸에서 출생한 자연의 분신입니다. 그러므로 그는 태어날 때부터 선한 존재일 수밖에 없으며, '인간 세상을 널리 이롭게 한다'는 홍익인간이 인간의 태생적 '선함'을 증명하는 고조선의 건국이념으로 업그레이드됩니다. 또한 단군왕검의 친할아버지 환인이 지상을 내려다보니 '인간 세상을 널리 이롭게 할 만하다'는 확신을 가진 것도 지상의 인간들이 '자연'과 하모니를 이루며 본래의 '선함'을 유지한 채 살고 있었음을 증명합니다. 지상에서 살아가는 인간들이 선하지 않다면 하느님의 아들이 굳이 '인간 세상'으로 내려와서 인간 세상을 이롭게 할 이유가 있을까요? 아버지 환인과 아들 환웅은 인간 세상을 도와주고 유익하게 해 주면 인간의 선한 기질이 더욱 발전하여 계속해서 인간다운 세상의 길을 열어 갈 것이라고 굳게 믿었던 것입니다. 환인의 확신은 환웅의 비전이 되어 '웅녀'라는 자연 속에서 선한 존재의 모델을 탄생시켰고, 그 모델이 바로 단군왕검입니다. 고조선의 건국이념인 '홍익인간' 속에는 자연을 근원으로 삼는 인간의 본래적 선함이 깃들어 있음을 읽을 수 있습니다.

4
홍익인간의 빛이
저물지 않는 '아침의 나라'

단군왕검이 지은 나라 이름은 '고조선'이 아닌 '조선'

《삼국유사》중에서 〈기이〉의 제1편을 계속 읽어 볼까요? 단군왕
검이 '아침의 나라'인 조선朝鮮을 개국하는 이야기가 흘러나옵니다.

"단군은 **요堯 임금**이 즉위한 지 50년째인 경인년에 평양성(서
경西京)에 도읍을 정하고 비로소 나라를 조선朝鮮이라 불렀다. 또
다시 백악산白岳山 **아사달**阿斯達로 도읍을 옮겼으니 아사달은 또한

요 임금 '제요 도당씨(帝堯陶唐氏)'로 알려져 있다. 태평성대의 대명사로 칭송받는
요순시대의 '요' 임금을 말한다. 그 다음의 '순' 임금과 함께 백성을 위하는 성군(聖
君)의 모델로 추앙받는다. 그러나 중국의 역사시대에서 최초의 왕국으로 기록된 하
(夏)나라(기원전 2070~1600) 이전에 존재하였을 것으로 추측되는 신화 속 왕국
의 임금이다. 역사적으로 증명된 적이 없다.
아사달 아침 해가 비치는 광명한 땅이라는 뜻을 갖고 있는 옛 지명이다.

궁홀산弓忽山이라고도 하며 금미달今彌達이라고도 한다. 그는 1천 5백년 동안 여기에서 나라를 다스렸다. 주周나라의 무왕武王이 왕위에 오른 기묘년에 기자箕子를 조선에 봉하니, 단군은 장당경으로 옮겼다가 후에 아사달에 돌아와 숨어 산신山神이 되었는데, 그 때 나이가 1천 9백 8세였다."

– 일연,《삼국유사》(세계사상전집 13), 권상노 역해, 학원출판공사, 1984, p.65 참조

우리나라 국민들은 단군왕검이 세운 나라 이름을 대부분 '고조선古朝鮮'으로 기억하고 있습니다. 까마득한 옛날에 한국사의 출발점을 만든 나라이므로 '고古'라는 형용사가 '조선' 앞에 붙어도 전혀 이상할 것이 없습니다. 그러나 "평양성에 도읍을 정하고 비로소 나라를 조선이라 불렀다"는 《삼국유사》의 기록에서 뚜렷이 드러나는 사실이 있습니다. 단군왕검이 직접 지은 나라의 이름은 고조선이 아니라 "조선朝鮮"이라는 사실입니다. 지금 필자가 강조하고 있는 '사실'은 'FACT'를 뜻하는 사실事實이 아니라 역사적 진실을 의미하는 사실史實입니다.

이성계가 '조선'이라는 이름을 차용한 까닭

물론, 대한민국 국민들이 기억하는 '조선'은 서기 1392년에 이성

궁홀산 〈기이〉의 제1편에서 일연은 '궁홀산'의 "궁(弓)을 방(方)으로도 썼다"고 부연 설명한다.

계가 고려 왕조를 폐하고 새롭게 세운 나라입니다. 서기 1910년에 한일합방韓日合邦으로 수맥水脈이 끊어지기 전까지 약 500년 동안 유구한 역사의 물결을 타고 흘러 온 나라입니다. 그러나 이성계가 명명한 '조선'은 기원전 2333년에 평양성을 수도로 역사의 물줄기를 발원시킨 단군왕검의 나라에서 빌려 온 이름이라는 사실을 《삼국유사》에서 확인하게 됩니다. 그렇다면 이성계가 '조선'이라는 이름을 차용한 까닭은 무엇일까요?

단군왕검이 조선을 건국한 **기원전 2333년**부터 이성계가 잠들었던 아침의 빛을 깨워 '조선'이라는 국호國號로 개국한 1392년까지 흘러온 세월을 헤아려 보세요. 3725년이라는 어마어마한 시대의 차이가 보입니다. 아득한 시대의 장벽을 뛰어넘어 이성계가 조선의 부활을 추구한 이유는 어디에 있을까요? 한민족의 역사가 압록강과 한강의 물줄기처럼 단절 없이, 다양한 왕조의 물결을 타고 이성계 자신의 시대에까지 유장하게 흘러 왔다는 역사의 생명력을 강조하려는 의도가 아닐까요? '홍익인간'의 건국이념을 계승하여 백성들의 살림을 '널리 이롭게' 하는 단군의 민족적 후예라는 점을 부각시키려는 뜻이 아닐까요? 1392년에 아침의 태양과 함께 다시 떠오른 '조선'은 후손 이성계에 의해 한민족의 고유한 혈통이 보존되고 있

기원전 2333년 단군왕검이 조선을 건국한 기원전 2333년은 한민족 역사의 기원(紀元)이라는 의미로 '단기(檀紀)'라 불린다. '단기'는 국가적으로 공인된 명칭이 되었다.

음을 온 세상에 알리는 증인이 되었습니다.

앞에 적힌 〈기이〉 속 글을 다시 주목해 볼까요? 단군이 1천 500년 동안 나라를 다스렸고 왕위에서 물러난 다음에는 "산신山神"이 되었다고 하는군요. 아버지 환웅이 간직한 하늘의 생명력과 어머니 웅녀가 품은 땅의 생명력이 하나로 통일되어 생겨난 전우주적 자연의 총아답습니다.《성경》의 창세기 제3장에서 하느님이 아담을 향하여 "너는 흙이니 흙으로 돌아갈 것이니라"[19]고 말한 것처럼 '자연'의 모태에서 태어난 단군도 결국은 자연으로 돌아가는군요. 산신이 되었다는 것은 자연과 일체를 이루는 인생의 귀로를 가리킵니다. "자연으로 돌아가라"는 루소의 말이 단군왕검의 발길을 밝혀 주는 등불 같습니다.

현재의 사회는 결코 고정적인 결정체가 아니라 변화될 수 있고,
또 끊임없는 변화 과정에 있는 유기체다.

– 카를 마르크스(Karl Marx)

4장

나눔의 미덕을 실천하는 인간 공동체

마르크스, 볼테르, 루소의 사상을 키워 준
토머스 모어의 《유토피아》

토머스 모어(Thomas More, 1478~1535)

영국의 헨리 8세 시대에 대법관과 캔터베리 대주교로 활동했다. 오늘날의 국무총리에 해당하는 정치적 지위에까지 오른 것을 보면 영국의 정치계, 법조계, 종교계를 대표하는 인물이라고 해도 지나친 말은 아닐 것이다. 그는 네덜란드의 에라스무스와 각별한 친교를 나눌 정도로 유럽을 대표하는 인문주의자였다. 문학, 법학, 철학, 신학에 능통했던 지식인이자 당대 최고의 문필가였다. 로마 가톨릭으로부터 영국 교회를 독립시키려는 헨리 8세의 '수장령'에 반대하여 반역죄로 처형당한 후 400년이 지난 1935년에 그는 교황청으로부터 성인(聖人)의 칭호를 수여받았다. 그런데 수백 년이 지난 2000년 10월 31일 토머스 모어에게 새로운 의미의 성인 칭호가 하나 더 수여되었다. 교황 요한 바오로 2세는 "몇몇 국가와 정부의 수반, 많은 정치인들, 일부 주교회의와 주교들의 요청"으로 토머스 모어를 "정치인들의 거룩한 수호 성인"으로 선포하였다. 자신에게 주어진 권력을 국민을 위해 선용하려고 했고 법률의 공정한 시행을 통하여 하층 민중의 부당한 피해를 방지하기 위해 적극적으로 노력했기 때문이다.

| 작품 소개 |

유토피아 Utopia

토머스 모어가 1516년에 라틴어로 발표한 공상소설이다. '유토피아'는 지상에 존재하지 않는 세계로 인간이 꿈꾸는 이상향이다. 《유토피아》에 등장하는 가상의 섬나라 '유토피아' 주민들은 진리를 탐구하면서 물질적 욕망을 절제한다. 공동체의 구성원들을 겸손하게 존중하고 연장자에게는 공경을, 연소자에게는 자애를 베푼다. 신분의 차등이 없이 평등한 공동체를 유지한다. 재산을 공동으로 관리하면서 회의를 열어 각 개인과 가정의 필요가 합당하다고 합의할 때에는 누구에게나 차별 없이 물질을 나눠 준다. 누구에게나 공정하게 '법'이 적용되어 법의 본질인 '정의'와 법의 목적인 '공공성'이 실현된다. 《유토피아》를 읽으면 정의와 공평을 추구하는 토머스 모어의 정신을 만날 수 있다.

그 어디에도 없는 세상이지만 인간다운 삶을 살기 위하여 누구나 한 번쯤은 꿈꾸어야 할 세상! 그곳이 우리가 만날 소설 속의 유토피아다.

(참고본: 《유토피아》, 토머스 모어 지음, 나종일 옮김, 서해문집)

1
다양한 학문의
하모니

토머스 모어와 라파엘의 대화

문학가, 정치가, 법률가, 성직자로서 명망 높은 토머스 모어. 그의
《유토피아》는 문학, 철학, 정치학, 사회학, 법학, 윤리학, 신학의 성
격이 조화를 이루고 있는 불후의 명작입니다. 모어는 이 책의 가장
중요한 작중인물로 "라파엘 히슬로다에우스"[20]를 등장시킵니다. 그
는 이 책에서 자신을 직접 작중인물로 등장시켜 라파엘과의 대담
형식으로 이야기를 전개하고 있습니다. 대화가 소설을 이끌어 가는
까닭에 희곡의 성격도 지니고 있습니다. '유토피아'라는 미지의 섬
나라를 체험한 라파엘. 그는 모어에게 이 섬나라가 이상향이 될 수
밖에 없는 특징들을 이야기합니다. 모어는 많은 부분에서 라파엘의
견해를 긍정적으로 받아들이지만, 어떤 부분에서는 비판과 반론을
펼치기도 합니다.

당대를 향한 비판과 존재하지 않는 세상

'유토피아'라는 말은 본래 라틴어로 '그 어디에도 없는 곳'이란 뜻을 갖고 있습니다. 그만큼 인간이 도달하기에 불가능할 정도로 이상적인 세상을 의미합니다. 모어의 《유토피아》에서 "유토피아"가 실제로 존재하지 않는 가상의 섬나라로 그려지는 것도 유토피아의 본래적 의미에 어울리는 설정이 아닐까요? 가상의 공간과 함께 가공의 인물인 라파엘을 등장시켰다는 점에서는 모어의 《유토피아》를 문학작품으로 규정할 수 있습니다. 그러나 당대의 영국 정치가 안고 있는 부조리를 비판한다는 점에서는 정치학의 성격이 강합니다. 언제나 민중의 생계와 형편을 염려하며 고민했던 모어의 입장에서는 군주와 귀족이 결탁하여 민중의 경제적 기반을 착취하는 헨리 8세 치하의 영국 정치가 못마땅할 수밖에 없겠지요.

인간으로서 누려야 할 참다운 쾌락과 재산공유제

유토피아 주민들이 인생의 "궁극적인 목적"[21]을 물질적 풍요와 육체적 쾌락에 두지 않고 "정신적 쾌락"[22]에 두었듯, 모어는 이 책에서 인간으로서 누려야 할 "참다운 쾌락"[23]이 무엇인지를 찾고 있습니다. 그러한 관점으로 본다면 《유토피아》에서 철학과 사회윤리학의 성격이 발견됩니다. 특히 라파엘이 예찬하고 있는 "재산공유제"[24]는 사회학의 특징을 분명히 보여 줍니다. 이 재산공유제는 《신약 성경》의 〈사도행전〉 2장에서 모습을 드러낸 초대 기독교 교회의 공동체에 기원을 두고 있습니다. 초대 교회의 교인들은 "재산을 공동으로 소유"하는 원칙을 세우고 자신들의 부동산과 동산을 "팔아서" 마련한 돈을 공동체의 "모든 사람에게 필요한 대로 나누어 주는" 삶을 살았습니다.[25]

　유토피아 주민들은 수시로 회의를 열어서 개인과 가정의 '필요'를 파악하고 그 필요가 합당하다는 합의가 이루어지면 '필요'의 대상자들 모두에게 재화를 나눠 주었다고 합니다. 초대 기독교 교회 공동체가 유토피아의 원형 모델이 된 것입니다. 또한, 유토피아의 재산공유제는 생산수단의 공동 소유와 재화의 공동 분배를 주장한 사상가 카를 마르크스Karl Marx와 프리드리히 엥겔스Friedrich Engels의 **'사회주의'에 영향**을 준 것으로 알려져 있습니다. 마르크스와 엥겔스는 모어보다 약 300년 후에 활동했던 사람들입니다. 모어의 사상적 영향력이 넓고 크다는 것이 증명됩니다.

공공성의 실현과 종교의 자유

　《유토피아》에서는 법학의 성격도 찾아볼 수 있습니다. 불평등과 불공정 때문에 민중이 부당한 피해를 당하는 것을 방지하기 위해서는 법률을 합리적 원칙에 의해 제정하고 공정하게 집행함으로써 '공공성'을 실현해야 한다는 비전을 읽을 수 있으니까요. 모어가

사회주의에 영향 마르크스와 엥겔스의 '사회주의' 사상은 그들의 저서인 《공산당 선언》과 《자본론》을 통하여 세상에 알려졌다.

영국의 대법관이라는 것을 생각하면 법률에 관해 이야기하는 것은 아주 자연스러운 현상입니다. 어디 그뿐인가요? 모어가 살았던 시대의 국민들은 군주가 국교로 결정하여 선포한 종교만을 받아들여야 했으나, 유토피아에서는 어느 누구도 종교 때문에 고민할 필요가 없습니다. 현대 민주주의 국가의 국민들처럼 종교의 자유가 보장되기 때문입니다. 종교의 다양성에 기초하여 종교를 선택하는 인권을 개인에게 보장하는 측면에서도 '유토피아'의 민주적 사회구조를 엿볼 수 있습니다.

종교를 선택하는 자유는 현대의 모든 민주공화국 '헌법'에 예외 없이 명시되어 있는 조항입니다. 500년 전에 발표된 《유토피아》와 그 속에 담긴 모어의 사상이 절대왕정 시대의 봉건적 질서를 뛰어넘는 혁명적 정신을 갖고 있었던 것이 드러납니다. 그러나 종교의 다양성을 인정하면서도 《성경》에 바탕을 둔 그리스도교의 신앙생활을 모범적 종교의 모델로 부각시키는 것 또한 부인할 수 없습니다. 그런 시각으로 본다면 《유토피아》에서 신학의 성격도 드러나고 있네요. 캔터베리 대주교로서 영국 가톨릭을 대표하는 성직자 토머스 모어의 삶이 반영된 것이 아닐까요?

자연과학까지는 기대할 수 없지만 인문과학과 사회과학의 범주 안에서 이렇게 다양한 분야들의 성격이 조화롭게 상호작용하면서 연합하고 있는 고전! 그것이 바로 토머스 모어의 《유토피아》입니다.

2
문명과 역사의 발전에
추진력을 제공한 명저

계몽 사상가들이 꿈꾸었던 사회

세계의 모든 민주주의 국가는 언론, 출판, 집회, 결사의 자유를 헌법에 명시하고 있습니다. 헌법의 토대 위에 세워진 민주주의 체제는 개인의 인권과 생명을 존중하면서도 사상, 표현, 종교 등의 자유를 보장하고 있습니다. 물론 이 '자유'는 국민이 누리는 자유입니다. 대한민국 헌법 제1조 2항에도 명시되어 있듯이 '모든 권력은 국민으로부터 나오는' 까닭입니다. 이것은 18세기 계몽사상가들이 꿈꾸어 왔던 사회의 모습이기도 합니다. 계몽사상가들의 시각으로 바라본 현대의 민주주의 사회는 유토피아를 향해 한 걸음 더 다가선 모습이 아닐까요? 계몽사상가들에게 이러한 민주주의 사회의 모습을 소망할 수 있도록 희망을 안겨 준 책들 중 하나가 바로 모어의《유토피아》입니다.[26]

'자유'와 '평등'이라는 이상을 각인시킨 계몽사상가들

루이 16세가 통치하던 절대왕정을 무너뜨리고 공화주의 시대를 열었던 '프랑스 대혁명'을 기억해 볼까요? 1789년에 일어난 이 기념비적 사건의 주인공은 파리의 시민들이었습니다. 혁명의 주체는 바로 그들이었습니다. 그들은 볼테르Voltaire와 장 자크 루소Jean Jacques Rousseau 등 프랑스의 계몽사상가로부터 받아들인 '자유'와 '평등'의 정신으로 무장된 사람들이었습니다. 혁명의 주체가 되었던 프랑스 시민들의 뇌리에 '자유'와 '평등'이라는 이상을 각인시켰던 계몽사상가들! 그들은 인류의 역사와 문명을 발전시키는 원동력을 인간의 이성으로 보았습니다. 이성의 힘에 의해 문명과 역사가 계속 발전하는 과정을 거쳐 언젠가는 가장 살기 좋은 세상인 '유토피아'가 인간의 땅에 반드시 건설되리라고 그들은 굳게 믿었습니다.

계몽사상가들에게 '진보'와 '발전'의 신념을 심어 준 책

그렇다면 이 계몽사상가들이 역사와 문명의 발전에 대한 확신을 가질 뿐만 아니라 '유토피아'의 비전까지도 가슴에 품을 수 있도록 그들에게 정신적 영향을 준 수많은 책들이 있겠지요? 본래 사상가들은 '책'으로부터 영향을 받게 마련이니까요. 루소와 볼테르 등의 계몽사상가들에게 인간의 이상향을 향한 '진보'와 '발전'의 신념을 심어 준 도서들의 목록에서 모어의 《유토피아》를 빼놓을 수는 없을 것입니다. 《유토피아》의 진보적 역사의식이 후대의 계몽사상가들에게 긍정적 영향을 주어 신분제도 중심의 봉건적 질서를 오늘날과 같은 '민주주의' 시스템으로 변혁시킨 마중물 역할을 한 것이 아닐까요?

볼테르(Voltaire, 1694~1778)
본명은 프랑수아 마리 아르에. 서양의 군주제 사회를 공화주의 및 민주주의 사회로 변화시키는 데 기여한 대표적 계몽사상가이다.

3
나눔의 덕을 실천하는
정신적 쾌락의 이상향

선량하고 건전한 쾌락 속에서 누리는 행복

"사실은, 그들도 행복은 모든 종류의 쾌락 안에 있는 것이 아니라 선량하고 건전한 쾌락 안에만 있다고 생각하지요. 덕德 자체가 우리를 최고의 선으로 인도하는 것과 같이, 덕은 우리를 이런 종류의 쾌락에 이끌리게 한다고 그들은 말합니다."

– 토머스 모어, 《유토피아》, 나종일 옮김, 서해문집, 2005. p.109

유토피아의 주민들은 쾌락을 추구하면서도 "선량하고 건전한 쾌락" 속에서 행복을 누립니다. 다른 사람의 쾌락을 방해하거나 저해하는 행위를 통하여 쾌락을 얻는다면 그것은 선량하지도 않고 건전하지도 않은 쾌락입니다. 그들이 혐오하는 "거짓 쾌락"[27] 이라고 말할 수 있겠지요. 그들은 개인의 욕망을 채우기 위하여 다른 사람을 도구나 수단으로 이용하는 행위를 거부하고 멀리합니다. 그들의 인생에서 가장 중요한 목적은 '인간' 자신이니까요. 그러므로 그들은 인간을 도우면서 서로 베풀고 나누는 "덕"으로부터 "선량하고 건전한 쾌락"을 얻으려고 합니다. 즉 "어리석은 쾌락"[28]의 오류를 저지르지 않기 위해 노력하면서 인간다운 "정신적 쾌락"을 추구하는 것입니다. 그렇다면 그들이 몹시 싫어하는 "어리석은 쾌락"과 "거짓 쾌락"이란 어떤 것일까요? 유형들을 살펴볼까요?

사행심과 살육을 즐기는 어리석은 쾌락

"이런 어리석은 쾌락의 부류 속에, 그들은 직접 해본 적은 없지만 들어서 알고 있는 도박놀음뿐만 아니라 짐승사냥과 매사냥도 함께 집어넣습니다."

– 토머스 모어, 《유토피아》, 나종일 옮김, 서해문집, 2005. p.115

그들이 배척하는 쾌락 중의 한 가지는 "도박놀음"입니다. 물론 그들이 "직접 해본 적은 없고 들어서 알고 있는" 것에 불과하지만 도박놀음을 어리석은 쾌락의 목록에 포함시켜서 단 한 번의 경험도 하지 않으려고 노력합니다. 경험해 본 적이 없는 도박놀음을 어째서 거짓 쾌락으로 규정하는 걸까요? 도박은 일명 '한탕주의'라는 속물근성이 낳은 잘못된 문화이니까요. 성실하게 땀 흘려 일하지 않고 오로지 행운에만 의지해서 다른 사람들의 거액을 한순간에 거머쥐려는 탐욕스런 사행심이 낳은 문화이니까요.

'재산공유제'에 따라 재산을 공동으로 관리하면서 모든 주민의 합의에 의해 개인과 가정의 필요를 충족시킬 타당성이 합리적으로 인정될 때만 '돈'을 나눠서 사용하는 것이 유토피아의 경제원칙입니다. 여기에 비추어 본다면 '도박놀음'이라는 것은 유토피아의 법률과 제도를 어기면서까지 불합리한 방법으로 '돈'을 독차지하여 편하게 육체적 쾌락만을 누리려는 천박한 이기주의의 산물입니다. 유토피아 주민들이 도박놀음을 어리석은 쾌락으로 단정하는 것은 당연한 현상이 아닐까요? 그 밖에 "짐승사냥과 매사냥" 등의 동물 사냥도 유토피아인들이 거부하는 거짓 쾌락의 일종입니다. 개인의 사냥 능력을 과시하듯이 자랑하면서 "살육"을 즐기는 "잔학한 쾌락"[29]에만 빠져 있기 때문입니다.

소유를 자랑하는 어리석은 쾌락

그러나 뭐니 뭐니 해도 유토피아 주민들이 가장 혐오하는 거짓 쾌락은 남을 돕는 일에는 한 푼도 쓰지 않고 "돈을 쌓아 놓기"[30]에만 집착하는 것입니다. 이렇게 돈을 쓸 줄 모르고 모으는 데만 혈안이 된다면 유토피아인들이 추구하는 '공유'의 생활에 동참할 수 있을까요? 재산을 공유하는 것은 돈을 공평하게 나눠 쓴다는

1843년에 발표된 찰스 디킨스의 소설 《크리스마스 캐럴》은 영화, 연극, 뮤지컬로도 각색되었다. 1950년대의 영화 속에 등장하는 스크루지의 모습이다. 유토피아 주민들이 싫어하는 유형의 대표적 인물이 아닐까? "돈을 쌓아 놓기"에만 집착하는 "헛된 쾌락"의 소유자라고 말할 수 있다.

의미를 포함하고 있기 때문에 돈을 쌓아 놓기에만 급급하는 사람은 유토피아에서 살아갈 자격이 없습니다. 이런 사람은 찰스 디킨스Charles Dickens의 소설 《크리스마스 캐럴》에 등장하는 스크루지 영감 같은 인물입니다. 그의 친구 말리의 유령이 이끄는 대로 과거와 현재와 미래의 모습을 보고 나서 깨달음을 얻어 사랑을 베푸는 사람으로 바뀐 것은 참으로 다행입니다. 그러나 변화되기 전의 스크루지는 유토피아 주민들이 혐오할 수밖에 없는 거짓 쾌락의 소유자라고 비판할 수 있겠지요.

이렇게 자신만이 아는 밀실에 돈을 산더미처럼 쌓아 놓고 꼭꼭 숨겨 두기만 하는 스크루지 같은 사람들은 "보물이나 보석에 흠뻑 빠져"31 있습니다. "소유지를 자랑으로 삼고"32 땅을 소유하는 일에만 만족합니다. 돈과 보석과 땅을 소유하는 일에서만 즐거움을 누리는 "헛된 쾌락"과 "잘못된 쾌락"33을 추구하는 사람들입니다. 그러므로 정신적 쾌락을 궁극적 목적으로 추구하는 유토피아 주민들이 보기에는 못마땅할 수밖에 없습니다. 당연한 반응이 아닐까요? 상생相生의 문화 속에서 살아가는 유토피아 주민들과는 정반대로,

이 사람들은 더불어 살아가는 인간의 덕을 모르기 때문입니다. 소
유를 자랑하는 허영에만 길들여져 있으니까요.

명예를 자랑하는 어리석은 쾌락

유토피아 주민들의 눈에 비친 역겨운 거짓 쾌락으로 또 빼놓을
수 없는 것이 있습니다. 앞에서 소유를 자랑하는 허영을 이야기했
지만 이번에는 명예를 자랑하는 헛된 욕망에 빠져있는 허영꾼들의
쾌락입니다. 그들은 자신들이 "귀족"³⁴이라는 사실을 내세우며 어
깨를 으쓱거리고 신분을 자랑해야만 즐거움을 느낍니다. 남에게 존
경받기를 갈망하면서 신분에 따른 "명예"³⁵를 부각시켜야만 흐뭇
해집니다. 그러나 자신들의 노력이 아니라 가문에서 물려받은 신분
을 앞세우고 요란하게 치장한 의복으로 이름값을 높이려는 행위들
은 모두 다 유토피아 주민들이 싫어하는 어리석은 쾌락입니다. 싫
어할 수밖에 없는 이유는 분명합니다. 이 공동체의 구성원들이 찾
는 즐거움은 정신적 쾌락이니까요. 정신적 쾌락이라니? 도대체 어
떤 즐거움을 말하는 걸까요?

물질의 소유보다는 베풀고 나누는 정신적 쾌락을

"정신적 쾌락은 지식과 진리를 탐구하는 즐거움, 올바르게 살
아온 삶을 회상하는 만족감, 그리고 미래의 행복에 대한 확실한

희망 등입니다. (…) 그들은 여러 가지 쾌락 중에서 정신적 쾌락을 주로 추구하며 이를 가장 높이 평가합니다. 으뜸가는 정신적 쾌락은 덕의 실천과 올바른 삶에 대한 의식에서 우러난다고 생각합니다."

– 토머스 모어, 《유토피아》, 나종일 옮김, 서해문집, 2005. p.117

모어와 대화를 나누고 있는 라파엘의 말에 따르면 "정신적 쾌락"이란 계산기를 만지며 돈을 모으는 데서 오는 것이 아닙니다. 그 즐거움은 책을 읽으며 지식을 얻는 데서 생겨납니다. 소유를 자랑하는 데서 피어나는 것이 아니라 물질을 베풀고 나누는 "덕의 실천"에서 피어나는 꽃이 정신적 쾌락입니다. 유토피아 주민들의 마음이 하모니를 이룰 수 있는 비결은 무엇일까요? 물질을 소유하는 일보다는 정신적 쾌락을 누리는 일이 훨씬 더 중요하다고 생각했기 때문이 아닐까요? 그들은 책에서 지식을 얻고 그 지식을 실생활에 적용하여 "덕을 실천"하려고 노력했습니다. 그렇게 생활하다 보니 부富가 소수에 집중되는 것을 막을 수 있는 윤리의식이 점점 더 강해진 것입니다.

그러나 돈과 보석과 땅을 소유하려는 욕심이 없는 사람이 과연 있을까요? 권력을 가지려는 욕심으로부터 자유로울 수 있는 사람이 몇 명이나 될까요? 유명해지고 싶은 욕심이 없는 사람도 극히 드물 것입니다. 오해하지는 마세요. 유토피아 주민들이 돈과 권력과 명예에 관심이 없다는 뜻은 아닙니다. 다만 그들은 사람을 돕고 사람과 함께 나누는 일에 명예와 권력과 돈을 사용하는 것입니다. 아까워하지 않고 베풀며 나눌 때에 인간다운 삶에 만족하는 "참다운" 즐거움을 누릴 수 있다는 뜻이 아닐까요?

암브로시우스 홀바인의 목판화가 실린 1518년판 《유토피아》. 그림의 왼쪽 아랫 부분에서 작중인물 라파엘 히슬로다에우스가 위쪽의 유토피아 약도를 가리키며 상대방에게 이 섬나라의 특징을 설명하고 있다. 경청하는 상대방은 저자이자 작중인물인 토머스 모어로 보인다.

4

'상생'이라는 나무에서
피어나는 대화의 꽃

나눔의 미덕을 실천하는 인간 공동체

라인홀드 니부어의 말을 빌려 표현한다면 유토피아 주민들은 상생이라는 "궁극적 목적"과 "궁극적 가치"[36]를 이루기 위하여 물질이라는 "도구적 가치"[37]를 선하게 사용합니다. 덕을 실천하는 데서 누리는 정신적 쾌락을 인생의 궁극적 목적으로 보았던 모어의 생각과 니부어의 생각이 한 뜻을 이루었네요. 그렇다면 정신의 힘을 바탕으로 아름다운 공동체를 가꾸어 가는 유토피아 주민들의 인간다운 덕은 그들의 생활에서 어떤 모습으로 나타날까요? 생활의 현장으로 함께 가 볼까요?

"음식 접시는 맨 윗 자리부터 아래쪽으로 차례대로 갖다놓지를 않고, 눈에 띄는 자리에 앉아 있는 모든 노인들에게 먼저 제일 좋은 음식물을 바치고 나서, 나머지 사람들에게 골고루 나누어 줍니다. 노인들은 모든 사람들에게 돌아갈 수 있을 만큼 넉넉하지는 못한, 맛있는 음식들을 옆에 있는 사람들에게 마음 내키는 대로 나누어 줍니다. 이래서 연장자들은 그들이 응당 받아야 할 존경을 그대로 받으면서, 한편으로는 모든 사람들이 나름대로의 혜택을 받습니다. 그들은 어떤 도덕적 주제에 관한 글을 읽는 것으로 점심이나 저녁을 들기 시작합니다만, 지루하지 않도록 짧게 읽습니다. 이것에서 실마리를 얻어 연장자들이 적절한 화제를 끌어내는데, 침울하거나 따분한 것을 피하지요. 혼자만의 긴 이야기로 담화를 독차지하는 일은 결코 없으며, 젊은 사람들의 이야기를 열심히 듣고 싶어합니다. 사실, 일부러 젊은 사람들이 이야기하게 만들기도 하는데, 식사 시간의 자유로운 이야기를 통해서 드러나는 각 개인들의 본성과 자질을 찾아내자는 의도에서입니다."

– 토머스 모어,《유토피아》, 나종일 옮김, 서해문집, 2005. p.95-96

모두가 모여 함께 음식을 먹는 "공동 식사"[38]의 풍경입니다.《유토피아》를 한국어로 번역한 나종일 교수는 "유토피아 섬의 식사는 수도원의 공동 식사를 연상시킨다"고 말합니다. 대주교이자 성직자였던 모어의 인생에 비추어 본다면 일리가 있는 견해입니다. 그러나 유토피아 섬의 '공동 식사'를 굳이 종교적 공동체의 식사로 규정할 필요는 없을 것 같습니다. '나눔'의 미덕을 실현하는 인간 공동체로 보는 것이 더 어울리지 않을까요? 식사하는 모습에서 유토피아 주민들은 한 식구라는 것이 피부로 느껴집니다.

본래 '식구食口'라는 낱말을 사전에서는 어떻게 풀이할까요? 한 집에서 함께 살며 끼니를 함께하는 사람들이라고 합니다. 물론 유토피아 주민들이 '한 집'에서 동거하는 가족은 아닙니다. 하지만 다 같이 모여서 식탁에 둘러 앉아 '끼니를 함께하는' 일상 문화를 공유하는 것만큼은 분명합니다. '일상 문화'란 문화학의 전문 용어인데, 일상생활 속에서 영위하는 생활방식을 의미합니다. 그들은 자주 모여서 식탁을 매개체로 삼아 '끼니를 함께하는' 생활방식에 익숙합니다. 예의와 존중과 공경을 바탕으로 함께 음식을 나누다 보니 '우리는 한 식구'라는 믿음이 생활의 뜨락에 뿌리를 내립니다. 이 믿음의 뿌리가 '상생'이라는 나무로 자라난 것이 아닐까요?

세대 차이를 초월하는 유토피아 주민들의 식탁

유토피아 주민들의 식탁은 그들의 '재산공유제'를 상징적으로 보여주는 상생의 현장입니다. 그들은 "노인"에게 "제일 좋은 음식"을 제일 먼저 드린답니다. "연장자"를 공경하고 인생의 선배를 존중하는 문화를 엿볼 수 있습니다. 나이 어린 사람이 할아버지 할머니 세대의 노인 "옆"에 앉더라도 대화가 어색하지 않습니다. 그들의 식사 시간은 남녀노소가 차별 없이 참여하는 공동의 만찬과 같으니까요. 음식이 많지 않아도 가족 같은 유대감을 느끼면서 "골고루 나누어 주고" 누구나 "나름대로의 혜택을 받는" 즐거움이 모두에게 포만감을 안겨 주나 봅니다.

"젊은 사람들"은 연장자가 이끌어 가는 "화제"에 귀를 기울이며 어른에 대한 예의를 배웁니다. 연장자의 이야기를 듣는 것은 거북한 일이 아니라 자연스럽고 유익한 일입니다. 연장자가 우대를 받으려는 마음보다는 어버이의 마음으로 젊은이들의 그릇 속에 음식을 "나누어 주면서" 교훈을 들려주기 때문입니다. 젊은 사람들은 자신들의 그릇 속에 음식을 담아 주는 연장자의 손길로부터 사랑을 느끼면서 자존감이 높아집니다. 따스한 사랑의 체온이 흐르는 연장자의 이야기는 그들에게 자발적으로 배울 수 있는 기회를 제공합니다. 연장자는 화제를 제시하기는 해도 "담화를 독차지하는 일은 결코 없다"고 합니다. "젊은 사람들의 이야기를 듣고 싶은" 까닭에 그들이 부담 없이 이야기를 할 수 있도록 "자유로운" 환경을 만들어 줍니다. '상생'이라는 나무의 가지 끝에서 세대차이를 초월하여 대화의 꽃이 피어납니다. 유토피아 주민들이 만끽하는 정신적 쾌락은 바로 이 꽃의 향기가 아닐까요?

1516년 벨기에 루뱅에서 라틴어로 출간된 《유토피아》의 내용 중 일부. 오른쪽 페이지의 특이한 문자들은 가상의 섬나라 '유토피아'에서만 사용되는 '유토피아 알파벳'이다. 총 22자로 이루어진 가상의 문자다. 토머스 모어가 라틴어와 그리스어와 히브리어를 조합하여 만들었다고 한다.

학문은 인간에게 이로움을 주어야 한다.

－ 다산 정약용(丁若鏞)

5장

'이용후생'의 답을 찾기 위해 청나라로 가다

문화학의 렌즈로 읽는
박지원의 《열하일기》

연암 박지원(燕巖 朴趾源, 1737~1805)

30대에 북학파의 일원인 '박제가'로부터 스승의 예우를 받을 정도로 방대한 지식과 훌륭한 문장을 겸비한 인물이었다. 고을의 사또에 해당하는 부사(府使)와 군수(郡守)를 역임하였으나, 높은 벼슬에 오르지는 못하였고 권력에 대한 욕심도 적었다. 연암의 가장 큰 관심은 '이용후생(利用厚生)'이었다. 국민의 실생활에 도움을 주는 실용적 학문을 탐구하여 국민의 가난을 덜어 주고 삶을 윤택하게 만드는 것이었다. 그 다음으로는 문장을 통하여 대중과 소통하는 일을 중요하게 생각했다.

. . .

| 작품 소개 |

열하일기 熱河日記

한국의 고전 목록에서 빠짐없이 등장하는 명저이다. 18세기 후반 청나라의 문물과 제도를 중심으로 그 나라의 문명 전반을 탐방한 내용을 한문(漢文)으로 써 내려간 기행 문학(紀行 文學)의 걸작이며 문화학(文化學)의 정수이기도 하다. 마르코 폴로의 《동방견문록》에 견줄 만한 한국인의 '중국 견문록'이라고 말해도 지나치지 않을 것이다. 현재까지 남아 있는 《열하일기》 속에는 26편의 글이 실려 있다. 그 중에서도 제4편 〈관내정사 關內程史〉와 제18편 〈옥갑야화 玉匣夜話〉에 박지원의 유명한 한문 소설 〈호질 虎叱〉과 〈허생전 許生傳〉이 각각 포함되어 있다. 《열하일기》 속에는 '이용후생'을 위하여 국민과 소통하려는 그의 의지와 열망이 담겨 있다. 《열하일기》의 문장은 물 흐르듯이 유려하면서도 현실의 지혜를 일깨우는 젊은 감각을 보여 준다. 무엇보다도 국민의 생활방식인 '문화'를 향상시키는 지혜의 길을 열어 준다.

(참고본: 《열하일기》, 박지원 지음, 솔출판사)

1
새로운 문화 콘텐츠를
유통시키는 문화 리더십

서양의 선진 문명을 받아 발전하는 청나라

연암 박지원은 박제가, 유득공, 이덕무, 홍대용 등과 함께 '북학파'의 주역으로 활동했던 조선의 대표 실학자입니다. 그가 활동하던 18세기 정조正祖 대왕 시절에 조선의 사대부들은 청나라를 '오랑캐의 나라'라며 여전히 멸시하고 있었습니다. 공자와 맹자의 사상을 받드는 유학의 전통이 조선 후기까지도 강하게 이어지고 있었으니까요. 사대부들의 생각과는 다르게 연암은 청나라가 서양의 선진 문명을 받아들여 놀랄 만한 속도로 발전하고 있는 모습에 남다른 관심을 집중하였습니다. 청나라에 다녀온 홍대용으로부터 그 나라에 들어온 서양의 학문과 기술에 관하여 대략적으로나마 정보를 파악하고 있었던 연암. 날이 갈수록 부강해지는 청나라의 발전 과정을 눈으로 직접 보고 싶은 생각이 점점 더 간절해졌습니다. 마침내 절호의 기회가 찾아왔습니다.

조선 사절단으로 청나라에 가게 된 연암

조선 정조 4년, 1780년 6월 24일 삼종三從 형 박명원이 청나라 황제 '건륭제'의 70회 생일 잔치를 축하하기 위한 조선 사절단의 단장이 되었습니다. 그가 청나라의 수도인 연경(燕京, 지금의 북경)으로 떠날 때 연암은 자신을 사절단의 일원으로 넣어 달라고 간청했다고 합니다. 가난할 뿐만 아니라 생활의 불편까지 겪고 있는 조선 백성들의 실생활에 조금이나마 도움을 줄 수 있는 방법을 찾아보려는 열망이 컸기 때문입니다. 청나라에 수입된 편리한 기술과 우수한 문화 콘텐츠가 무엇인지를 하루라도 빨리 보고 싶어하는 호기심도 연경으로 가는 연암의 발길을 재촉했습니다. 그의 연경 여행은 문명 탐방과 문화 학습이라는 목적의식이 뚜렷했던 까닭에 짐꾸러미는 간단하고 가벼울 수밖에 없었습니다.

지도와 거울, 필기도구가 전부인 연암의 짐

"아침밥을 먹은 후 나는 혼자서 떠났다. 말은 자줏빛에 흰 정수리, 날씬한 정강이에 높은 발굽, 날카로운 머리통에 짧은 허리, 게다가 두 귀가 쫑긋한 품이 참으로 만리를 달릴 듯싶다. 창대昌大는 앞에서 경마를 잡고 하인 장복張福은 뒤를 따랐다. 말의 안장에는 주머니 한 쌍을 달았는데, 왼쪽에는 벼루를 넣고, 오른쪽에는 거울, 붓 두 자루, 먹 한 장, 조그만 공책 네 권, 이정록里程錄 한 축을 넣었다. 행장이 이렇듯 단출하니 짐 수색이 아무리 엄한들 근심할 것이 없다."

– 박지원,《열하일기》, 솔출판사, 1997, p.12

먼 길을 떠나는 여행객의 "짐"이 너무 가벼운 것은 아닐까요? "벼루, 거울, 붓, 먹, 공책, 이정록"뿐이니까요. 세수하고 옷단장은 해야 하니까 거울은 당연히 있어야 하겠지요. 오늘날의 지도를 의미하는 '이정록'도 길을 잃어버리는 것을 방지하기 위해 챙겨야만 합니다. 아무리 그렇다고 해도 물건 여섯 개가 짐의 전부라니! 해외 탐방이 아니라 마을의 학교에 가는 느낌입니다. 짐이 그토록 간단하고 가벼운 까닭은 무엇일까요? 유람이나 관광에 의미를 두지 않았기 때문입니다. 서양의 선진 문물을 수용하고 이것을 조선 백성들의 생활 현장 속으로 유통시키는 일에만 관심을 가졌으니까요.

청나라를 교량으로 삼아 새로운 문화 콘텐츠를 조국의 백성들에게 전달하는 '문화 미디어'만 준비된다면 여행의 짐은 그다지 의미가 없습니다. 청나라 탐방 기간에 '문화 미디어'의 역할을 맡은 것은 무엇일까요? 연암의 글이 아닐까요? 그렇다면 글을 쓰는 도구인 벼루, 붓, 먹 이외에 다른 물건을 챙겨 갈 필요는 없겠지요. 중국말에 능통하지 않았던 박지원은 청나라의 지식인들과 '글'로써 이야기하는 "필담筆談"[39]이 가장 적절한 문화 미디어의 기능을 수행하리라고 생각했던 것 같습니다. 중국의 글인 한자를 통해 조선 문화의 발전에 도움이 되는 기술과 방법을 받아 적어서 조선 백성들

26권 10책으로 이루어진 연암 박지원의 《열하일기》.

에게 전해 준다면 어떤 변화를 기대할 수 있을까요? 그들의 생활이 조금 더 유익하고 편리해지지 않을까요?

'문명'과 '문화'의 차이점

연암은 청나라 탐방을 통해 조선의 문명이 발전할 수 있다는 확신을 얻었습니다. 조선과 청나라가 서로 문화를 교류하고 소통하는 것이 두 지역의 문화를 함께 발전하게 한다는 사실을 깨달았습니다. 그렇다면 '문명'이란 무엇이며 '문화'란 어떤 것일까요? 필자가 대학교 1학년 재학 중에 '사회학' 강의를 들은 적이 있었습니다. 담당 교수님이 여러 학생들을 호명하면서 질문했습니다. "자네! 문화가 무엇이라고 생각하는가? 문명과 문화는 어떻게 다르지? 알고 있다면 말해 보게나!" 교수님의 갑작스런 질문에 호명받은 학생들 중 단 한 사람도 제대로 대답을 못했던 기억이 떠오릅니다. 문명과 문화를 동일한 개념으로 알고 있는 사람들이 무척 많습니다만, 두 개념 사이에는 분명한 차이가 있습니다.

문명, 생활을 윤택하게 만드는 정신과 기술

'문명'이란 인간의 생활을 편리하게, 윤택하게, 가치 있게 만들기 위한 정신과 기술로 알려져 있습니다. 인류의 '4대 문명'으로 유명한 이집트 문명, 인도 문명, 메소포타미아 문명, 중국 문명은 모두 강 유역에서 번성하였습니다. 각각 나일강, 인더스 강과 갠지스 강, 티그리스 강과 유프라테스 강, 황하 강이 고대 문명의 젖줄이 되었습니다. 강은 물로 이루어져 있고 강 주변의 지역은 흙으로 구성되어 있습니다. 생명의 근원인 흙과 물이 상호 작용하는 자연법칙을 연구하는 과정 속에서 인간의 정신은 발전을 거듭하였습니다. 물과 흙으로부터 얻을 수 있는 혜택을 극대화하려는 노력 속에서 인간의 기술은 발전 가도를 달렸습니다. 이것이 문명의 진행 방향입니다. 문명의 정의에 대해서는 견해의 차이가 크지 않습니다. 정신의 발전과 기술의 진화가 문명의 발전 속도를 높여 왔기 때문입니다. 정신은 '문명'이라는 집의 토대이며 기술은 그 집의 기둥입니다.

문화, 특정 지역 주민들의 전체 생활방식

'레이먼드 윌리엄스Raymond Williams'라는 이름을 들어 보셨나요? 웨일스 태생의 '문화학' 전문가입니다. '문화학'은 문화의 성격과 종류와 변화 양상을 연구하는 학문입니다. 윌리엄스는 영국 및 유럽의 문화비평계에서 '대중문화'에 대한 보수주의적 편견을 깨뜨린 진보적 문화학자였습니다.[40] 그는 '문화'를 여러 가지로 규정하였지만,

그 중에서도 "특정 지역에 살고 있는 그 지역 주민들의 전체 생활방식"[41]이라는 규정이 문화의 정의로 가장 설득력 있게 다가옵니다.

문명의 힘이 강해질수록 업그레이드되는 문화

우리의 생활을 편리하게, 윤택하게, 가치 있게 만드는 정신과 기술을 '문명'이라 부르고 그러한 '가치'를 만들어 가는 생활방식을 '문화'라고 한다면 문명과 문화는 서로 다르면서도 동시에 연결되어 있다는 것을 알 수 있습니다. 정신과 기술이 뒤떨어질수록 인간다운 '가치'를 만드는 생활방식도 퇴보하지 않을까요? 문명의 힘이 약해질수록 문화의 수준도 쇠퇴할 수밖에 없습니다. 정신과 기술이 발전할수록 이에 비례하여 가치 있는 의미를 생산하는 생활방식도 향상되지 않을까요? 문명의 힘이 강해질수록 문화의 수준도 업그레이드됩니다.

문명적 문화, 역사를 바람직한 방향으로 발전시키는 원리

역사를 바람직한 방향으로 발전시키는 원리는 '문명적 문화'의 진보라고 말할 수 있지 않을까요? 문명적 문화의 진보를 지속하기 위해서는 정신의 힘을 통하여 모든 사람을 공평하게 돕는 방향으로 과학기술을 인간답게 활용해야 합니다. 정신과 과학기술의 조화를 통하여 **"최대 다수의 최대 행복"**과 같은 인간다운 가치를 만들어 가면서 만인이 평등하게 윤택과 편리를 누리는 생활방식! 이것을 '문명적 문화'라고 정의할 수 있지 않을까요? 그런데 우리가 오늘 주목하고 있는 연암은 역사를 발전시키는 추진력이 문명적 문화의 힘이라는 사실을 깨달았던 선각자였습니다. 연암은 18세기 조선의 전근대적 사회를 근대 사회로 거듭나게 할 수 있는 가능성이 문명적 문화의 힘에서 생겨난다는 것을 믿었습니다. 의식이 깨어 있는 진보적 지식인입니다. 인간다운 삶의 의미를 만들어 가는 생활방식을 국민에게 알려 주기 위해 연암은 청나라에 들어온 서양의 선진 문물을 적극적으로 배우고 실생활에 적용하는 데 힘썼습니다.

최대 다수의 최대 행복 영국의 철학자이자 법학자 제러미 벤담(Jeremy Bentham)이 남긴 말이다. "최대 다수의 최대 행복"은 공리주의 사상을 대변하는 말이 되었다.

2
한국적 프래그머티즘의
가이드북

'이용후생'의 답을 찾기 위한 여정

앞서 말한 것처럼 연암이 속했던 북학파는 실학을 연구하는 학자들의 모임입니다. '실학'은 이름 그대로 실용적인 것을 추구하는 학문입니다. 실용주의로 알려져 있는 서양의 프래그머티즘(Pragmatism, 실용주의)과 조선 후기의 실학은 정신적 공통분모를 갖습니다. 인간의 실생활에 도움을 준다는 측면에서 본다면 실학을 '한국의 프래그머티즘'이라고 불러도 지나치지 않을 것입니다. 실학의 내용을 대변하는 '이용후생利用厚生'이라는 개념을 들어 보셨나요? 백성이 실생활의 도구들을 편리하게 사용할 수 있도록 기술을 개발하여 백성의 의식주를 풍부하게 함으로써 윤택한 생활을 누리도록 돕는다는 뜻입니다. '실학'이라는 꽃을 피운 꽃씨는 백성을 위하는 애민愛民의 마음이라는 것을 알 수 있습니다. 연암이 팔촌 형 박명원

을 따라 연경에 가기로 결심했던 동기도 바로 '이용후생'임을 잊지
말아야겠습니다.

조선의 백성들이 겪는 운송의 불편함

연암은 압록강을 건너 고구려의 영토였던 요동 땅을 밟고 연경을
지나 열하(지금의 승덕)에 이르기까지 조선 백성의 이용후생에 도움
이 될 만한 청나라의 실생활과 기술을 눈여겨보았습니다. 벽돌, 집,
가게, 수레, 바퀴, 길, 교량 등 조선인의 실생활을 향상시키는 데 도
움을 줄 수 있는 지식과 사물을 하나라도 더 배우려고 노력했습니
다. 민생의 불편과 고통을 조금이라도 덜어 주려는 의지가 강했으니
까요. 민생 중에서도 연암이 가장 염려했던 분야는 '운송'이었습니
다. 사람을 실어 나르고 물품을 운반해서 전달하는 시스템은 나라의
경제와 백성의 살림에 크나 큰 영향을 주기 때문입니다. 운송을 직
접 담당하는 "수레"에 관한 연암의 견해를 들어 볼까요?

교통과 유통을 편리하게 만드는 바퀴

"짐을 싣는 수레는 대차大車라 한다. 바퀴는 (사람이 타는 수레
인) 태평차보다 조금 낮은 듯하며 바퀴살은 입卄자 모양으로 되
었고, 싣는 양은 8백 근으로 정하여 말 두 필을 채우는데, 8백 근
이 넘을 경우에는 짐을 헤아려서 말을 늘린다. 짐 위에는 삿자리

로 방을 꾸미는데, 마치 배 안같이 하여 그 속에서 눕고 자게 되어 있다. 대체로 말 여섯 필이 끄는데, 수레 밑에 커다란 왕방울을 달고 말 목에도 조그마한 방울 수백 개를 달아서 그 댕그랑댕그랑 하는 소리로 밤을 경계한다. 태평차는 겉바퀴가 돌고, 대차는 속바퀴가 돈다. 그리고 쌍바퀴가 똑같이 둥글기 때문에 고루 돌아가고 빨리 달릴 수 있다."

– 박지원, 《열하일기》, 솔출판사, 1997, p.234

"대차"는 현대의 용달차 혹은 화물 트럭을 떠오르게 합니다. 무엇보다도 "바퀴"의 구조와 기능을 자세히 관찰하여 그것이 교통과 유통을 편리하게 만든다는 점을 암시하고 있는 것이 마음에 듭니다. 18세기 말에 조선의 백성들이 겪는 운송의 불편함은 상상을 초월할 지경이었으니까요. 연암이 태평차와 대차의 바퀴를 유심히 살펴보는 것도 조선의 운송 속도를 높이기 위한 목적에서 비롯된 것입니다. 연암은 "떡, 엿, 과일, 오이" 등 가벼운 짐을 싣고 가는 바퀴 한 개짜리 "독륜차獨輪車"의 생김새와 기능에 대해서도 자세히 설명하고 있습니다. 결국, 청나라 사람들이 사용하는 바퀴 달린 모든 수레가 그의 눈에 포착되어 조선 백성들의 생활을 돕는 연구 대상이 되었다고 말할 수 있습니다. 그 나라의 수레들이 중국인의 이동을 편리하게 해 주고 중국의 물품을 활발하게 유통시킨다는 확신을 얻었던 것입니다.

청나라, 바퀴의 간격이 일정한 수레로 운송을 빠르게

수레의 심장 역할을 하는 것이 바퀴라면 바퀴의 몸 역할을 하는 것은 수레가 아닐까요? 바퀴와 수레의 상호 관계는 도로의 구조를 결정하는 조건이 됩니다. 바퀴를 어떤 간격으로 수레에 부착하느냐에 따라 도로를 운행하는 수레의 속도도 달라질 수밖에 없습니다. 연암은 이 중요한 사실을 알아냈습니다. 청나라 사람들은 서양의 수레를 참고하여 바퀴 간의 굴대 간격을 일정하게 만들었기 때문에 여러 수레들이 지나가도 도로 위에 수레바퀴 자국이 똑같은 홈통 모양으로 형성되었습니다. 이와 같이 단일하게 이루어진 하나의 홈통형 수레바퀴 자국을 따라 수레들의 운행이 원활해지는 것을 연암은 볼 수 있었습니다. 당연히 운송의 속도도 빨라질 수밖에 없는 이치를 그는 꿰뚫어 보았던 것입니다.

조선, 비싼 운송비가 포함된 상품 판매 가격

그러나 청나라의 수레와는 다르게 조선의 수레는 하나의 바퀴와 맞은 편 바퀴를 이어주는 굴대의 길이가 똑같지 않아서 바퀴 간의 간격도 달랐습니다. 수레들이 다니는 도로에는 간격이 일정하지 않은 바퀴 홈들이 어지럽게 널려 있었습니다. 수레마다 일정한 바퀴 홈의 노선을 이용하지 못하고 여기저기 다르게 형성된 바퀴 홈에 한 쪽 바퀴만 걸려서 운행 속도가 느려졌습니다. 그런 까닭에 수레끼리 서로 부딪쳐서 운송의 정체를 겪어야만 했습니다. 그것은 조선 사회에서 흔히 볼 수 있는 풍경이었나 봅니다. 게다가 수레의 수도 매우 적고 수렛길도 많지 않으니 물품을 운반하고 조달하는 일에 엄청난 장애를 겪는 것은 당연한 현상이었습니다. 가난에 허덕이는 조선 백성들은 상품을 구매하는 것도 어려운 일이지만 구입할 형편이 되어도 시간의 지체에 따라 높아진 운송비를 미리 걱정할 수밖에 없는 상황이었습니다. 결국은 비싼 운송비가 포함된 상품의 판매 가격에 울상을 짓는 날들이 이어졌지요.

3
'이용후생'을 위한 개혁의 비전

수레 제도 개혁을 위한 연암의 '문화 리더십'

"수레의 제도"[42]를 바꾸지 않는다면 가난한 백성의 생활이 점점 더 가난의 늪으로 빠져드는 암울한 미래만이 남을 뿐이었습니다. 백성의 어두운 내일을 염려하는 마음으로 수레 제도의 쇄신을 염원하는 박지원의 '문화 리더십'을 읽어 볼까요?

"이제 (청나라의) 천리길을 오면서 날마다 수없이 많은 수레를 보았으나 앞수레와 뒷수레가 언제나 한 자국을 따라 갔다. 그러므로 애쓰지 않고도 똑같이 되는 것을 일철一轍이라 하고, 뒤에서 앞을 가리켜 전철前轍이라 한다. 성 문턱에 수레바퀴 자국이 움푹 패어서 홈통을 이룬 것은 이른바 '성문지궤城門之軌'라는 것이다. 우리나라에도 수레가 전혀 없는 것은 아니나 그 바퀴가 십분 둥

글지 못하고 바퀴 자국이 한 틀에 들지 못하니, 이는 수레가 없는 것이나 마찬가지다. (…) 그런데 이제 이곳에서 천한 물건이 저곳에서는 몹시 귀하여 그 이름은 들었어도 실물은 구경도 못한 것은 무슨 이유일까. 이는 오로지 멀리 실어 나를 힘이 없기 때문이다."

– 박지원,《열하일기》, 솔출판사, 1997, p.236-239

연암은 조선의 수레 제도를 개혁하는 일이 시급하다고 말합니다. 그가 개혁을 주장하는 목적은 가난에 허덕이는 백성들의 고통을 덜어 주고 그들의 불편한 일상생활을 개선하려는 것이었습니다.《열하일기》중에서 수레에 관한 견해만 놓고 보더라도 박지원의 문화 리더십이 참으로 훌륭하다는 것을 실감할 수 있습니다. 백성의 문화를 향상시키려는 열망의 불꽃 속에서 그는 자신의 자존심과 부끄럼을 남김없이 태워 버렸습니다. 처음 만나는 청나라 사람들에게 주저 없이 책을 빌려 보고 필요한 내용을 즉각적으로 필사하였습니다. 선진 문명의 요소들과 문화 콘텐츠를 적극적으로 수용하여 자국의 백성들에게 전수하는 일에 젊음을 불살랐습니다.

필담, 조선보다 앞선 문명과 문화를 받아들이는 통로

중국말을 자유롭게 구사할 수 없기 때문에 그곳의 문물을 이해하고 받아들이는 일에 많은 장애가 따를 것이라는 걱정은 기우에 불과했습니다. 말이 통하지 않아도 '글'을 통해서는 얼마든지 문명과 문화에 관한 대화를 주고 받을 수 있다는 긍정적인 생각이 연암과 청나라 사람들의 만남을 원활하게 만들었습니다. 〈성경잡지盛京雜識〉편을 펼쳐 보세요. '필담筆談'이라는 것을 보게 됩니다. 필담은 글로써 나누는 대화입니다. 연암은 필담을 통하여 청나라 사람들과 대화의 문을 열고 소통의 마당을 펼쳤습니다. 한자로 적어 내려간 그의 글은 문명에 관한 대화의 향연이 되었습니다. '글'은 조선보다 앞선 문명의 시스템과 문화 콘텐츠를 받아들이는 똑똑한 통로가 되었습니다.

왕의 죽음으로 단절된 선진화의 길

선진 문물을 과감하게 수용하고 유익하게 사용함으로써 조선 백성들의 생활을 조금이라도 더 편리하고 윤택한 것으로 바꾸는 것이 연암의 비전이었습니다. 백성의 이용후생을 이루기 위해 자신의 모든 지식을 문화적 도구로써 활용했던 실학자다운 실학자. 그가 바로 연암 박지원 아닐까요? 그의 탁월한 문화 리더십은 조선의 현실을 냉철하게 진단하는 현실 인식과 조국의 발전적 미래상을 전망하는 역사의식이 조화롭게 어우러진 또 하나의 창조물이었습니다. 그러나 조선의 계몽 군주라고 말할 수 있는 정조 대왕이 재위 25년 만에 세상을 떠남으로써 연암의 소망은 좌절되고 말았습니다. 이어지는 역사의 암흑기를 피할 수 없었습니다. 이웃 나라 일본의 '메이지 유신'보다 최소한 반세기는 더 빨리 열 수 있었던 선진화의 길이 단절된 것입니다.

연암의 문화 리더십, 대대로 전승해야 할 민족의 유산

19세기의 개막과 더불어 순종, 헌종, 철종 시대로 이어지는 안동 김씨 일가와 풍양 조씨 가문 간의 권력 다툼 및 세도 정치, 홍선 대원군의 독재정치와 쇄국정책 등이 계속되면서 연암을 비롯한 실학자들이 애써 만들어 놓은 근대화의 기회는 신기루처럼 사라지고 말았습니다. 이것이 메이지 유신을 통하여 서양의 다양한 학문과 기술을 적극적으로 수용한 일본에게 국권을 넘겨주게 된 결정적 패인으로 작용한 것입니다. 그러나 지식과 글을 문화 미디어로 삼아 선진화된 문화 콘텐츠를 백성들에게 전해 줌으로써 그들의 생활방식을 발전시키려고 했던 연암의 '문화 리더십'만큼은 시대의 차이를 초월하여 모든 한국인이 대대로 전승해야 할 민족의 유산입니다.

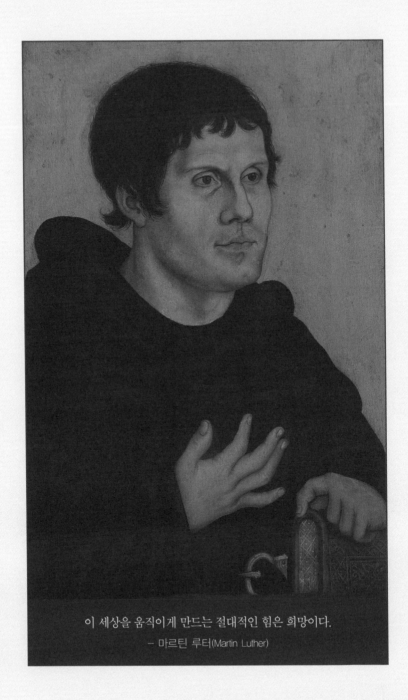

이 세상을 움직이게 만드는 절대적인 힘은 희망이다.
— 마르틴 루터(Martin Luther)

6장

평등한 사회로의
개혁을 향한 목마름

'혁명'을 통해 이해하는 프랑스의 역사와
스탕달의 《적과 흑》

스탕달 (Stendhal, 1783~1842)

1783년 프랑스 그르노블에서 출생했다 '스탕달'은 필명이고 본명은 마리 앙리 벨 (Marie-Henri Beyle)이다. 그는 프랑스 문학사에서 사실주의 문학의 시대를 개 막한 작가로 평가받고 있다. 소설 《아르망스》로 문단에 자신의 이름을 알렸으나, 그의 문학을 대표하는 작품은 소설 《적과 흑》이다. 이 작품은 사실주의 문학의 효 시로 손꼽힌다. 18세기 볼테르와 루소를 거쳐 프랑스의 시민들에게 계승되어 왔 던 '계몽주의' 사상을 어릴 때부터 외할아버지로부터 교육받았다. 이것이 '평등' 과 '자유'를 열망하는 스탕달의 문학 세계를 형성하는 데 큰 영향을 주었다. 사람 의 마음 속에서 흘러가는 생각과 복잡하게 뒤얽히는 감정들을 생생하게 재생하 듯이 표현함으로써 '리얼리즘(사실주의)' 문학의 개척자가 되었다. 아름다운 것과 추한 것을 가리지 않고 묘사함으로써 '인간'이라는 존재를 이해하는 폭넓은 시각 을 밝혀 주었다. 이러한 그의 문학 경향은 시대와 사회의 비인간적 모습들을 매우 날카롭게 도려내고 고발하는 길로 이어졌다. 이것은 후대의 리얼리즘 작가들에 게 영향을 끼친 가장 중요한 요소이기도 하다. 대표작으로는 《적과 흑》(1830)을 비롯하여 《파르마의 수도원》(1839), 《아르망스》(1827)가 있다.

《적과 흑》의 프랑스어 판 표지. 주인공 쥘리엥 소렐이 표지를 장식했다.

| 작품 소개 |

적과 흑 Le Rouge et le Noir

프랑스 왕정복고(王政復古) 시대의 군주체제, 불평등한 사회구조, 특권층의 횡포 등을 고발하면서 역사의 소용돌이 속으로 내던져진 청년 쥘리엥 소렐의 개인적 야망과 사회 개혁의 열망을 사실적으로 표현한 소설이다. 리얼리즘 문학의 출발점으로 손꼽히는 작품이기도 하다. 특히 주인공 쥘리엥의 개인적 매력이 당대의 독자들은 물론이고 후대의 마니아들을 만들어 낼 정도로 이 소설은 '스탕달 신드롬'을 불러일으켰다. 피상적으로 이 소설을 바라본다면 쥘리엥을 '출세'를 지향하는 욕망 속에 사로잡힌 속물로 오해할 수 있다. 그러나 쥘리엥의 야망과 함께 그의 '반항' 정신을 놓치지 말아야 한다. 신분이 높은 사람들이 신분이 낮은 사람들을 지배하고 억압하는 정치체제의 모순과 사회구조의 병폐를 언제나 못마땅하게 생각하는 청년이 쥘리엥이다. 이와 같이 잘못된 세상과 맞서 싸우려는 의지를 잃어버리지 않고 '개혁'의 시간을 기다리며 포기하지 않는 인물 또한 쥘리엥이다. 그렇다면 그의 '출세' 욕구는 낮은 계층에 속해 있던 사람으로서 '불평등'을 거부하는 본능적 몸부림이라고 이해할 수도 있을 것이다. 다양한 눈길로 읽는 가운데 '인간'이 갖고 있는 아름다움, 추함, 강함, 연약함, 욕망, 비전을 충분히 이해할 수 있는 소설이 스탕달의 대표작《적과 흑》이다. 19세기의 소설들 중에서 '인간'의 성향에 대하여 이보다 더 구체적으로 섬세하게 이해할 수 있는 작품은 많지 않다.

(참고본:《적과 흑》, 스탕달 지음, 서정철 옮김, 동서문화사)

1
'7월 혁명' 전후의
프랑스 역사와 사회

'7월 혁명' 직후 출간된 《적과 흑》

1830년 7월 프랑스의 파리에서 일어난 혁명이 있습니다. 이 혁명은 역사책에 '7월 혁명'이라고 기록되어 있습니다. 스탕달의 소설 《적과 흑》은 1830년에 책으로 출간되었지만 원고는 1827년에 완성되었다고 합니다. 소설이 출간되기 바로 직전에 '7월 혁명'이

프랑스의 화가 들라크루아의 <민중을 이끄는 자유의 여신>. 1830년 7월에 일어난 '7월 혁명'을 소재로 삼았다.

일어났는데, 출간 직후에 이 소설의 가공적인 이야기는 공교롭게도 '7월 혁명'의 분위기와 맞물려서 마치 현실의 이야기처럼 독자들의 관심을 사로잡았다고 합니다. 그럴 수밖에 없는 시대 상황이었던 것이죠. 여기서 잠

시 '7월 혁명' 전후前後의 프랑스 역사와 사회를 이해해 볼까요? 지난 시대를 돌아보는 것이 《적과 흑》에 대한 이해를 도울 것입니다.

'프랑스 대혁명' 이전으로 돌아간 프랑스

1789년에 일어난 '프랑스 대혁명'을 통해 역사상 처음으로 수립되었던 공화주의 체제는 오래 가지 못했습니다. 자코뱅 당을 비롯한 여러 당파들의 권력 다툼 속에서 프랑스 사회는 안정을 찾지 못했습니다. 이러한 혼란기를 틈타 군부 쿠데타를 일으킨 나폴레옹은 1799년 제일 집정第一 執政의 자리에 올라 정치의 구심점이 되었습니다. 그는 자신에게 집중된 권력을 더욱 강화한 뒤에 마침내 1804년 '인민 투표'라는 형식을 통해 황제에 즉위하였습니다. 이른바 '제1제정帝政'으로 불리는 황제 체제가 수립된 것입니다. 그 후 약 10년 동안 나폴레옹은 '나의 사전엔 불가능이 없다!'는 말을 증명하려는 듯이 유럽을 자신의 말발굽 아래 지배합니다. 그러나 영원할 것만 같았던 그의 철권 통치도 '워털루 전투'의 패배로 막을 내립니다. 프랑스 사회는 '대혁명' 이전의 부르봉 왕조로 복귀합니다. 이 사건을 역사학자들은 '왕정복고王政復古'라고 부릅니다. 루이 16세와 그의 왕비 마리 앙트와네트를 처형함으로써 종결시켰던 왕정이 다시 돌아 왔다는 뜻입니다.

프랑스의 두 번째 공화주의 혁명, 7월 혁명

개혁을 열망했던 민중은 허탈감에 빠졌습니다. 왕과 귀족이 결탁하여 민중의 자유를 억압하고 농민들과 노동자들을 착취하는 시대로 회귀하였으니 민중의 심정을 이해할 수 있겠지요? 1814년 루이 18세가 부르봉 왕조의 국왕으로 등극하면서부터 국왕과 귀족과 성직자 계급이 결탁하여 민중을 지배하고 억압하는 시대가 또 다시 시작됩니다. 1824년에 루이 18세의 뒤를 이어 왕위에 오른 샤를 10세는 전제정치를 더욱 강화하였습니다. 언론을 마음대로 통제하고 선거권을 제한하며 신분제도를 확고히 하려고 하였습니다. 그러나 왕정으로 인해 억압과 불평등에 시달리던 민중은 1830년 7월에 또다시 공화주의 혁명을 일으킵니다. 1789년 '대혁명'에 이어 프랑스 역사에서 두 번째 공화주의 혁명이 일어난 것입니다. 역사학자들이 '7월 혁명'이라고 부르는 유명한 사건입니다.

혁명이 지향하는 자유와 평등

'7월 혁명'은 아쉽게도 모든 민중이 염원하던 공화주의 체제를 이루어내지 못했습니다. 그러나 루이 필립을 국민의 왕으로 추대하고 의회에서 헌법을 가결하여 '입헌군주 체제'를 수립했으니 반쪽의 성공은 거두었다고 볼 수 있네요. 부르봉 왕조를 받드는 왕당파 세력과 그들을 비호하는 성직자 세력의 **세도**勢道 **정치**를 정지시키는 성과를 얻은 것입니다. '7월 혁명'이 일어나기까지의 역사적 상황은

《적과 흑》속으로 자연스럽게 스며들어 문학작품의 시대적 배경이 됩니다. 빅토르 위고의《레 미제라블》이 떠오릅니다. 소설을 읽지 못한 사람도 영화나 뮤지컬을 통해서 줄거리를 어느 정도는 알고 있을 거예요. 이 작품에서 우리는 '7월 혁명'의 현장을 보았습니다. 혁명이 지향하는 자유와 평등이《적과 흑》을 움직이는 정신적 원동력입니다. '프랑스 대혁명'을 통하여 프랑스 역사상 최초로 실현되었던 공화주의 사회를 부활시키려는 작가 스탕달의 의지가《적과 흑》에서 왕정복고 체제에 대한 주인공 쥘리엥의 비판의식으로 나타나고 있는 것입니다.

세도 정치 권세를 제약 없이 함부로 휘두르는 잘못된 정치의 양상을 의미한다.

2
스탕달의 '공화주의' 비전과
쥘리엥의 야망

신분 상승의 야망

왕정복고 시대의 전제정치를 혐오하던 스탕달은 '쥘리엥'이라는 인물을 통해 자신의 '공화주의' 비전을 펼쳐 보입니다. 소설의 주인공 쥘리엥 소렐은 가난한 목재상의 셋째 아들로 태어난 평민층의 일원입니다. 그러나 여인들의 눈길을 사로잡을 만큼 빼어난 외모에 두뇌가 우수하고 재주가 비상한 청년입니다. 귀족 출신이었다면 벌써 출세의 길에 들어서고도 남았을 겁니다. 자신의 능력을 신분이 뒷받침해 주지 않는 까닭에 상대적으로 차별을 받는 것을 더욱 예민하게 느낍니다. 그럴수록 '왕정복고' 이후의 불평등한 사회구조가 쥘리엥에게는 더욱 못마땅하게 다가옵니다. 자신의 능력과 재주와 외모가 신분 때문에 빛을 발하지 못한다는 결론에 이르면서 쥘리엥의 마음은 신분 상승의 야망으로 불타오릅니다. 그러나 낮은 신분의 위치에서 벗어나고 싶어하는 쥘리엥의 욕망은 신분상의 차별 대우와 불평등한 사회구조에 대한 반감으로부터 생겨난 것임을 부인할 수 없습니다. 쥘리엥의 내면 깊은 곳에는 평등한 사회가 실현되기를 바라는 공화주의적 개혁의 비전이 잠재되어 있다고 말할 수 있습니다. 그 비전은 작가 스탕달의 소망이기도 합니다.

적색 제복과 흑색 제복, 신분 상승의 지름길

당시에는 귀족이 아닌 평민이 신분이 높아지려면 '적색'의 옷을 입은 군인이나 '흑색'의 옷을 입은 성직자가 되어야만 했습니다. '흑색' 제복을 착용한 성직자란 사제司祭를 의미합니다. 사제란 개신교의 성직자인 목사가 아니라 가톨릭의 성직자인 신부와 수도사입니다.

이웃 나라인 독일은 1517년 마르틴 루터Martin Luther가 '95개조 반박문'을 비텐베르크 대성당 정문에 게시하여 로마 교황청의 부패를 비판하면서부터 '프로테스탄티즘'이라 불리는 개신교가 빠른 속도로 확산되었습니다. 그러나 프랑스에서는 개신교 중심의 종교개혁이 많은 탄압을 받았기 때문에 여전히 가톨릭이 종교문화를 지배하고 있었지요. 가톨릭의 사제에 입문하는 것은 왕정복고 시대를 살아가는 평민에게 열려 있는 신분 상승의 지름길이었습니다. 어렵지만 한 번쯤 도전해 볼 만한 절호의 기회였던 것입니다.

신분 상승의 기회

《적과 흑》의 주인공 쥘리엥은 사제보다는 군인이 되려는 꿈을 품었습니다. 그러나 나폴레옹의 통치가 막을 내린 후부터 왕정복고 체제는 모든 평민에게 적색 제복의 군인으로 출세하는 길을 금지하였습니다. 제2의 나폴레옹이 출현할 가능성을 원천 봉쇄하겠다는 뜻이었습니다. 쥘리엥은 신분 상승을 위해 어쩔 수 없이 성직자의 길을 걷기로 결심합니다. 베리에르의 셸랑 사제로부터 신학과 라틴어를 배울 정도로 성직자가 되려는 쥘리엥의 의지는 확고했습니다. 성직에 대한 소명은 없었지만 신분 상승의 열망만큼은 아주 강했으니까요. 그러나 파리의 명망 높은 귀족인 라 몰 **후작**의 비서로 일하게 되면서 쥘리엥은 인생의 전환점을 맞이합니다. 후작의 딸 마틸드의 마음을 사로잡아 마침내 신분 상승의 기회를 움켜쥔 쥘리엥. 더욱이 그의 아이까지 밴 마틸드의 사랑을 이용하여 출세의 기회를 놓치지 않으려고 안간힘을 쓰는 쥘리엥. 그의 야망이 성취될 날이 점점 더 다가옵니다. 쥘리엥과의 결혼을 반대하던 라 몰 후작은 아기를 잉태한 딸의 처지 때문에 어쩔 수 없이 그를 받아들입니

후작 황제의 신임을 받은 신하는 충성을 맹세하고 황제로부터 봉토(封土)를 하사받는다. 봉토를 부여받은 신하를 '제후'라고 한다. 봉토를 다스릴 권한을 황제로부터 위임받았기 때문에 이 땅의 주인이라는 뜻으로 제후를 '영주'라고도 부른다. 유럽의 중세 시대에 시작된 이 봉건제도는 무려 일천 년 이상 지속되었다. 봉건제도에 따르면 제후들은 황제의 신임 정도에 따라 공작, 후작, 백작, 자작, 남작의 5품계로 등급이 정해진다. 이 등급에 따라서 '봉토'의 크기도 정해진다.

다. 그는 후작에게서 높은 신분을 하사받고 지위가 달라집니다. 그러나 결혼 직전에 그의 꿈은 태풍을 만난 모래성처럼 운명의 물결 속에 휩쓸려 사라집니다.

흑색 제복의 사제가 되려고 했던 쥘리엥

쥘리엥은 후작의 비서로 일하기 전에 레날 시장의 가문에 라틴어 가정교사로 들어갔던 적이 있었습니다. 그 때 쥘리엥은 자신의 타고난 미모와 재치를 발휘하여 레날 부인을 유혹합니다. 귀족 사회에 대한 반감 때문에 귀족의 일원에게 보복하려는 마음이 앞서서 시도했던 일이었지만 부인에게 접근할수록 왠지 모르게 느껴지는 사랑의 감정을 부인할 수 없게 됩니다. 부인도 쥘리엥을 사랑하게 되어 두 사람은 뜨거운 연인 사이로 발전합니다.

"레날 부인은 후회하며 가슴을 치고 있었다. 지난밤 쥘리엥이 자기 방에 왔을 때 그의 행동을 책망하던 것을 후회하고 있었던 것이다. 그녀의 비난을 듣고 쥘리엥이 오늘밤에는 자신의 방을 찾아오지 않을까봐 몹시 떨고 있었다. 쥘리엥을 간절히 기다리는 그 두 시간이 이백 년처럼 느껴졌다."

– 《적과 흑》(스탕달 지음, 서정철 옮김, 동서문화사) 참조

쥘리엥을 가슴 깊이 사랑하게 된 레날 부인의 간절함뿐만 아니

라 쥘리엥의 정열적 사랑도 간접적으로 느낄 수 있는 부분입니다. 그러나 두 사람의 밀애에 관한 소문이 시내에 퍼지기 시작하면서부터 쥘리엥은 두려움에 사로잡힙니다. 레날 부인과의 관계가 세상에 알려지는 날에는 출세의 앞길이 막힐 것은 불을 보듯 뻔한 일이었기에 쥘리엥은 주저 없이 도피를 감행합니다. 도피의 방법은 다름 아닌 브장송 신학교에 입학하여 사제의 길에 들어서는 것이었습니다. '사제'만 될 수 있다면 평민의 신분을 벗어 버리고 출세의 하늘을 향해 날아오를 수 있으니까요. 두뇌가 명석한 쥘리엥은 한 번에 두 마리 토끼를 잡는 묘안을 짜낸 것입니다. 흑색의 제복을 입고 성직자로서 살아간다면 불륜을 비밀의 늪에 묻어 둘 뿐만 아니라 높은 신분의 자리에서 만인의 존경을 받게 될테니까요. 독자들의 눈길로 바라본다면 쥘리엥이 사제의 '흑색' 옷을 입는다고 해도 그 옷은 거룩한 성직자의 옷이 아니라 '위선'의 흑색 옷으로 비추어질 것입니다. 물론 쥘리엥도 자신이 출세를 위해 위선을 선택했다는 것을 잘 알고 있습니다.

3
개혁의 희망을 전하려는
마지막 용기

출세를 위해 선택한 위선

"가장 선하다는 것도, 가장 위대하다는 것도, 모든 것이 위선이
야. 그렇지 않다면 적어도 그것은 사기일 뿐이야"

– 《적과 흑》(스탕달 지음, 서정철 옮김, 동서문화사) 참조

왕정복고 시대의 불평등한 사회에서 출세하려면 카멜레온처럼
위선의 보호색을 갖지 않을 수 없다고 말하는 쥘리엥. 그도 본래는
위선을 즐겨 하는 사람이 아니었습니다. 그렇다면 한 사람을 위선자
의 막다른 골목으로 몰고 가는 원인은 무엇일까요? 불평등한 사회
의 구조와 환경일까요? 레날 가문의 가정교사직을 그만두고 브장송
신학교에 들어가서 사제의 길을 걸어갈 준비에 착수했던 쥘리엥에

게 가장 빠른 속도로 귀족 사회의 구성원이 될 수 있는 행운이 찾아 왔습니다. 신학교의 교장 피라르의 추천을 받아 라 몰 후작의 비서로 일하게 된 쥘리엥은 레날 부인에게 접근했던 것처럼 후작의 딸마틸드를 유혹합니다. 쥘리엥의 용모와 재능에 반한 마틸드는 결국 그의 아이를 임신하게 됩니다. 귀족의 신분을 갖기 위한 출세의 전략을 수행하다 보니 쥘리엥은 마틸드를 사랑하지도 않으면서 사랑하는 것으로 위장하는 두 번째 위선의 '흑색' 옷을 입고 말았습니다.

출세의 성공 앞에서 좌절한 쥘리엥

출세를 위한 프로젝트가 성공리에 진행되어 갔습니다. 그러나 뜻밖에도 쥘리엥에게는 청천벽력 같은 사건이 벌어졌습니다. 마틸드와의 결혼을 눈앞에 둔 순간에 레날 부인이 쥘리엥과의 연애 관계를 라 몰 후작에게 **사실대로 털어 놓은 것입니다.** 처음부터 결혼을 반대해 오다가 딸의 임신 때문에 마지 못해 쥘리엥을 받아들였던 후작은 가차 없이 파혼을 서둘렀습니다. 사위가 될 사람이 평민 출신인 것도 못마땅했는데 불륜의 주인공이었다니! 라 몰 후작의 입장에서는 파혼을 단행할 충분한 명분을 얻은 것이 아닐까요? 위선의 옷 갈아입기를 반복하면서 출세의 산정을 향해 쉬지 않고 올라왔던 쥘리엥은 정상을 한 치 앞에 두고 평평한 평민의 땅으로 돌아가야 하

레날 부인은 라 몰 후작에게 편지를 통해 과거의 진실을 알려 준다.

는 내리막길을 예약받았습니다. 쥘리엥의 분노는 활화산의 마그마 처럼 분출했습니다.

사형수가 된 쥘리엥

분노를 다스리지 못하던 쥘리엥은 넘어서는 안 될 이성의 마지 노선을 넘어 버리고 맙니다. 울분을 토해 내는 충동의 노예가 되 어 레날 부인을 향해 권총의 방아쇠를 당깁니다. 다행히도 레날 부 인은 경상을 입었지만 한 번 발사된 총알은 돌이킬 수 없는 죄목 이 되어 쥘리엥을 사형수의 운명 속으로 밀어 넣고 말았네요. 그러 나 아직도 사랑을 간직하고 있던 레날 부인의 인생에서 가장 소중 한 남자는 쥘리엥이었나 봅니다. 사랑하는 남자를 찾아와서 자신 의 진실한 사랑을 그의 가슴에 안겨 주는 레날 부인. 부인의 사랑 은 마중물이 되어 쥘리엥의 가슴 밑에 잠잠히 가라앉아 있던 사랑 의 물줄기를 끌어올려 주었습니다. 이미 사형을 선고받은 쥘리엥 은 인생의 마지막 무대에서 위선의 '흑색' 옷을 벗어 버리고 사랑 의 씨실과 날실로 직조한 '진실'의 옷을 입었습니다. 단두대의 이 슬로 사라지기 전까지 몇 달 동안 레날 부인과 함께 직조한 '진실' 의 옷은 쥘리엥을 인간다운 인간만이 느낄 수 있는 따뜻한 온기로 감싸 주었습니다.

불평등의 부조리를 증언하려는 용기

 인간다운 인간의 본모습을 찾기 전까지 신분 상승이라는 야망 때문에 인간관계를 소홀히 한 것도 쥘리엥의 잘못이고 폭력을 휘두른 것도 그의 죄입니다. 그러나 쥘리엥의 야망 뒤에는 신분의 불평등이라는 사회적 부조리를 혐오하는 마음이 담겨 있습니다. 그는 사형집행장에서 단두대의 이슬로 사라지기 전에 혼잣말로 "나도 충분히 용기를 낸 거야"라고 말합니다. 그 '용기'란 무엇일까요? 자신의 죽음을 통하여 메시지를 전하려는 용기가 아닐까요? 프랑스 국민들이 겪고 있는 불평등의 부조리를 몸으로 증언하려는 용기가 아닐까요? 누구나 평등한 시민으로서 성공의 기회를 공평하게 공유할 수 있는 사회. 그러한 공정한 사회를 건설해야 한다는 희망을 '죽음'을 통해 남기려는 의지가 아닐까요?

 "그래, 탓할 곳이 하나도 없을 만큼 모든 게 잘 된 거야. 이만하면 나도 충분히 용기를 낸 거야"

 −《적과 흑》(스탕달 지음, 서정철 옮김, 동서문화사) 참조

 라 몰 후작에게 쥘리엥을 추천한 피라르 교장의 추천사에서 알 수 있듯이 쥘리엥은 "보잘 것 없는 평민 출신이지만 드높은 기개를 가진 청년"이었습니다. 인간은 신분의 높낮음이 없는 '평등한' 사회에서 공평한 기회를 부여받아 자신의 능력을 제약 없이 펼치는 '자

유'를 누려야 한다는 비전을 밝혀 주고 떠났으니까요. 그 비전이 곧 '7월 혁명'으로 표현된 민중의 열망이 아닐까요? 프랑스의 저명한 시인이자 작가인 루이 아라공의 말처럼 소설《적과 흑》은 "역사적 리얼리즘의 모델"로 평가받을 만한 작품입니다.

6장_평등한 사회로의 개혁을 향한 목마름

오래전부터 이 낡은 세계는 비판을 받아 왔다.
순진성이 사라지고 이기주의가 번성하고 인간이
인간에 의해 착취를 받아 온 낡은 세계가 타파되기를 바란다.
– 하인리히 하이네(Heinrich Heine)

7장

외면할 수 없는 고통에 대한
사랑의 연대 의식

산업혁명 직후의 영국 사회를 통해 이해하는
찰스 디킨스의《올리버 트위스트》

찰스 디킨스 (Charles Dickens, 1812~1870)

1812년 영국의 포츠머스 랜드포트에서 태어났다. 영국 문학의 상징인 윌리엄 셰익스피어 다음으로 영국 국민들이 좋아하는 소설가이다. 디킨스가 세상을 떠난 날에 수많은 노동자들이 술집에서 슬픔을 달랬다고 한다. 어떤 노동자들은 "우리의 친구가 세상을 떠났다"고 외치면서 오열했다고 한다. 그가 이처럼 국민들의 사랑을 받은 이유는 무엇일까? 디킨스는 가난한 자들과 불우한 자들에 대한 남다른 관심을 갖고 있었다. 그들의 인생을 향하여 심은 연민의 꽃씨는 디킨스의 소설 속에서 사랑의 꽃으로 피어났다. 소외된 사람들에 대하여 관심의 끈을 놓지 않았기 때문에 그의 소설은 대중과 소통하는 마당이 될 수 있었다. 영국의 대중은 디킨스의 소설을 읽으면서 그들의 삶에 대해 공감하는 소설가의 마음을 만져 볼 수 있었고, 그 마음속에 흐르는 사랑의 온기를 자신들의 몸으로 가져갈 수 있었다. 디킨스는 또한, 가난한 자들을 더욱 가난하게 만드는 잘못된 사회구조를 날카롭게 비판하면서 '개혁'의 필요성을 독자들의 의식 속에 각인시켰다. 세계 문학사에서 문학성과 대중성을 겸비한 대표적 작가로 평가받고 있다. 대표작으로는 《올리버 트위스트》(1838), 《크리스마스 캐럴》(1843), 《위대한 유산》(1861) 등이 있다.

영문판 《올리버 트위스트》의 표지. "제발 죽 한 그릇만 더 주세요!"라고 '구빈원(救貧院)'의 원장에게 애원하는 고아 소년 올리버의 모습을 디자인하였다.

| 작품 소개 |

올리버 트위스트 Oliver Twist

찰스 디킨스의 두 번째 소설로 1837년 런던의 문예잡지 《벤틀리스 미셀러니 Bently's Miscellany》에 연재되다가, 1838년 책으로 출간되었다. 총 53장(章)에 494쪽으로 이루어진 장편소설이다. 부제는 '고아원 아이의 인생 여정The Parish Boy's Progress'이다. 산업혁명 이후의 영국 사회가 보여 주는 계층 간의 갈등, 극심한 착취와 부당한 대우, 인간성의 상실, 인내와 의지, 용기와 희망 등이 고아 소년 올리버 트위스트의 인생을 통하여 선명하게 나타난다. 디킨스는 말단 공무원이던 아버지가 채무에 시달리다가 감옥에 수감되는 바람에 온 가족이 약 1년 동안 아버지와 함께 감옥에서 구금 생활을 했다. 감옥에서 나온 뒤에도 12세의 나이에 소년 가장이 되어 구두약 공장에서 착취에 시달리며 돈을 벌었다. 날마다 10시간 이상의 '어린이 노동'에 시달리며 '착취'라는 사회적 모순을 직접 경험했던 소년 찰스. 그의 자전적 체험이 소설 속에서 소년 올리버의 인생으로 변형되었다고 볼 수 있다. 디킨스는 《올리버 트위스트》에서 영국 소설 역사상 최초로 도시의 빈민을 주인공으로 등장시킴으로써 문학을 대중문화의 영역으로 확실하게 정착시키는 성과를 거두었다.

(참고본:《올리버 트위스트》, 찰스 디킨스 지음, 이선주 옮김, 지식만드는지식)

1

유럽 민중의 비참한 생활
이해하기

시간, 임금, 노동력을 착취당하는 노동자들

1838년에 발표된 소설《올리버 트위스트》. 찰스 디킨스는 이 소설로 세계적인 작가의 반열에 올랐습니다. 산업혁명의 열기가 번져 가던 빅토리아 여왕 시대의 영국 사회를 돌아볼까요?

대규모 공장을 소유한 자본가들은 부유하게 살았지만 공장의 노동자들은 가난의 늪에서 헤어 나올 수 없었습니다. 그들은 시간과 임금과 노동력을 착취당하는 삼중고를 겪어야만 했으니까요. 노동자들의 고통이 극심했던 곳은 영국만이 아니었습니다. 영국으로부터 산업혁명의 영향을 받은 서유럽 지역의 현실도 마찬가지였습니다.

독일과 프랑스를 비롯하여 서유럽의 주요 나라에서 살아가는 모든 노동자들이 '착취'라는 비인간적 상황 속에서 고통스러운 인생의 길을 걸어가야만 했습니다. 하나의 사례가 되는 역사적 사건을 찾아볼까요? 1844년 6월 독일의 페터스발다우Peterswaldau와 랑엔빌라우Langenbielau의 직조織造 공장에서 일하던 직조공들은 공장의 주인인 자본가에게 극심하게 착취당하는 현실을 극복하고, 노동에 따른 정당한 대우와 생존권을 보장받기 위해 집단 투쟁을 전개하였습니다. 독일 시인 하인리히 하이네Heinrich Heine는 이 지역에서 일어난 직조공들의 봉기를 소재로 그의 대표적 저항시 〈**슐레지엔의 직조공들**Die Schlesischen Weber〉을 발표하기도 했습니다.

19세기 전반기 유럽의 대표적 국가인 영국, 독일, 프랑스에서 노동자들의 현실은 열악하고 비참하였습니다. 그들은 잠을 자고 밥을 먹는 시간만 빼놓고 하루의 모든 시간을 공장에서 땀 흘려 상품 만드는 일에 열중했습니다. 그러나 손에 쥐는 '돈'으로는 생계를 유지하기조차 어려울 정도로 부당한 대우를 받는 것이 부패한 관습이 되고 말았습니다. 유럽 대륙에서 살아가는 수많은 노동자들이 이런 비참한 생활 속에서 인간의 존엄성을 짓밟히는 것을 방관할 수 없었던 독일의 카를 마르크스Karl Marx와 프리드리히 엥겔스Friedrich

---

슐레지엔의 직조공들 1840년대 하인리히 하이네는 프랑스의 파리에 체류하면서 그곳에 망명 중이던 카를 마르크스로부터 '사회주의'의 사상적 영향을 받았다. 1844년에 발표된 시 〈슐레지엔의 직조공들〉은 마르크스의 사회주의적 영향이 반영된 작품이다. 이 작품에서 하이네는 전제군주제를 혁파하고 정치적 평등과 물질적 공유가 이루어지는 사회를 갈망하고 있다.

Engels. 이들이 '착취'의 현실로부터 노동자를 해방시키려는 비전을 품고 《공산당 선언》과 《자본론》이라는 책을 발표한 것도 충분히 이해할 만한 일입니다. 그만큼 노동자들의 생활은 인권과 생존권을 빼앗긴 채 공장 주인과 기업가의 '돈 버는 기계'로 전락하고 말았으니까요.

2
영국 유소년 세대의 비극과
'구빈원'의 현실

일자리가 없어 굶어 죽는 사람들

주인공 올리버 트위스트는 영국 소년이므로 영국의 가난한 사람들의 인생을 먼저 살펴 볼까요? 노동자들은 부당한 대우 때문에 언제나 생계를 염려하면서 살았지만 그들보다 더 불행한 상황 속에서 살아가는 사람들도 많았습니다. '착취'보다 더 심각한 사회문제는 '실업'이었습니다. 일자리가 없어서 런던의 거리를 헤매는 떠돌이들이 도시의 곳곳에서 동전을 구걸하며 끼니를 이어 갔지요. 뒷골목을 헤매다가 굶어 죽거나 병들어 죽는 사람도 많았습니다. 기아를 면하려고 소매치기, 절도, 강도, 살인 등의 죄를 짓는 사람이 갈수록 늘어만 갔습니다.

생업 전선에 나선 아이들

당시에 범죄를 직업으로 삼아 생계를 유지하는 사람들이 무려 1만

2천 명이었다고 합니다. 부모가 병들어 일찍 죽거나 감옥에 가게 되어 남겨진 자녀들이 고아의 신세로 전락하는 것은 낯설지 않은 현상이었습니다. 가난한 부모들이 많다 보니 그들의 어린 자녀도 생활비를 마련하기 위해 생업 전선에 나서야만 했습니다. 남자 아이들은 공장의 기계 손질, 굴뚝 청소, 구걸 행위, 소매치기 등으로 생계를 이어 갔습니다. 매음굴에서 열 살 남짓한 여자 아이들을 보는 경우가 드물지 않았습니다. 이것이 19세기 전반기를 살아가는 영국 유소년 세대의 현실이었습니다. 소설의 '서문'이 영국 아이들의 비참한 생활상을 말해 주고 있네요.

> "사익스는 도둑놈이고 페이긴은 장물아비이며 소년들은 소매치기이고 여자애는 창녀다."
>
> – 찰스 디킨스, 《올리버 트위스트》, 이선주 옮김, 지식을만드는지식, 2009, p.7-8

올리버 트위스트도 이와 같이 열악한 환경에서 살아가는 고아입니다. 일종의 빈민구제소인 '구빈원救貧院'에서 태어난 올리버. 그의 어머니는 그를 낳자마자 숨을 거둡니다. 고아원으로 보내졌던 올리버는 그곳에서 정신적 학대를 당하며 고통을 겪다가 또 다시 구빈원으로 돌아옵니다. 그러나 구빈원에서는 끼니를 해결하는 것이 가장 큰 문제였습니다. 빈민들을 수용하여 먹여 주고 재워 주며 보호하려는 목적으로 세워진 구빈원! 그러나 그곳의 현실은 설립의 목

19세기 전반기의 영국 '구빈원'에 수용된 빈민들. 구빈원은 빈민을 구제한다는 취지로 세워진 시설이었지만, 이곳의 현실은 수용소보다 더 열악하고 비참하였다. 빈민들은 똑같은 제복을 입고 일하면서 노동력을 가혹하게 착취당하였고 끼니도 제대로 해결할 수 없었다. 몇 명을 제외하고는 빈민들의 얼굴 표정이 침울해 보인다. 소설 《올리버 트위스트》에 나오는 구빈원의 현실을 간접적으로 체험할 수 있다.

적과는 거리가 멀었습니다. 수용소의 생활보다 더 지독하고 비참한 나날의 연속이었습니다.

죽 한 그릇으로 끼니를 때우는 아이들

구빈원의 소년들은 죄수처럼 자유를 억압당하는 것은 기본이었고, 가혹한 노동에 시달리며 체벌과 구타를 고스란히 받아들여야만 했습니다. 하루 세끼의 식사도 오로지 몇 숟가락에 불과한 "죽" 한 그릇으로 때울 뿐이었습니다. 이렇게 지극히 적은 양의 "죽"만 먹다가는 굶어 죽을 것이 뻔한 일이었습니다. 죽음을 면하기 위해서는 어쩔 수 없이 구빈원의 원장에게 "죽"을 더 달라고 애원하는 수밖에 없었습니다. 그러나 원장의 성격을 너무나 잘 알고 있는 소년들로서는 그에게 간청하는 것이 또 다른 고민거리가 되었습니다. 아무리 비굴하게 허리를 굽혀 애원한다고 해도 그들에게 돌아오는 것은 "죽"이 아니라 독방에 수감되는 체벌 혹은 방출일 테니까요. 고통과 두려움이 뒤섞인 그들의 절망스런 생활 현장 속으로 가 볼까요?

"사내아이들은 대개 식욕이 왕성한 법이다. 그러니 올리버와 그의 동료들은 석 달 동안 서서히 굶어 죽어가는 고문을 당하는 셈이었고 결국엔 허기 때문에 극히 게걸스러워지고 사나워졌다. 나이에 비해 좀 큰 편인 한 아이는 이런 고통에 익숙지 않은 터라, 하루에 죽 한 사발씩을 더 먹지 못하면 아무래도 어느 날 밤에 자기 옆에서 자는 아이를 잡아먹게 될지도 모른다고 동료들에게 은밀히 암시했다. 아이들은 회의를 열고 제비를 뽑아서 그날 저녁을 먹은 후에 누가 구빈원장 앞으로 가서 죽을 더 달라고 할 것인지를 정했다. 올리버 트위스트가 당첨되었다."

– 찰스 디킨스, 《올리버 트위스트》, 이선주 옮김, 지식을만드는지식, 2009, p.24-25

고양이 목에 방울 달기

"굶어 죽어가는 고문을 당하는 셈"이나 마찬가지인 고통 속에서 죽음의 공포가 시시각각으로 소년들을 엄습해 옵니다. 이보다 절박한 상황이 또 어디 있을까요? 막다른 골목에 몰린 소년들은 "제비뽑기"를 통해 구빈원의 원장에게 "죽을 더 달라고" 간청하는 대표로 올리버를 뽑았습니다. '누가 고양이 목에 방울을 달 것인가?'라는 우화를 들어 보았죠? 어느 마을의 쥐들이 고양이의 공격으로부터 목숨을 지키기 위하여 머리를 맞대고 자신들을 구제할 방법을 연구했다고 합니다. 마침내 묘안이 떠올랐습니다. '고양이 목에 방울을 달기'만 하면 고양이가 다가올 때마다 딸랑 딸랑 울리는 방울 소리가 '사이렌'처럼 쥐들에게 위급한 상황을 알려 주는 경보음 역할을 한다는 것입니다. 하늘을 날 듯이 환호하며 축제 분위기에 들떠 있던 쥐들은 그러나 이내 새로운 고민에 빠지고 말았습니다. 그러면 도대체 누가 저 무시무시한 고양이의 목에 방울을 다느냐, 하는 것이었습니다.

잠자고 있는 고양이의 목에 방울을 달다가 고양이의 잠을 깨우는 날에는 어떤 사태가 벌어질지 불을 보듯 뻔한 일이 아닐까요? 방울을 달겠다고 자청하는 쥐는 단 한 마리도 없었습니다. 결국 이 작전은 시도하지도 못한 채 쥐들의 희망만 좌절시키는 결과를 가져 왔습니다. 그런데 이 고양이와 쥐들의 관계는 구빈원의 원장과 소년들의 관계를 생각나게 합니다. 올리버를 비롯한 소년들에게 언제나 엄격하고 몰인정하며 학대를 일삼는 원장 앞에서 소년들은 고양이 앞의 쥐들과 다를 바 없으니까요. 끼니마다 "죽 한 사발"만 배급받는 것이 구빈원의 규칙입니다. 이 규칙을 벗어나서 죽을 더 달라고 요청하는 것은 흔히 말하는 '매를 버는' 행위와 같다는 것을 모두들 잘 알고 있습니다. 모질게 맞거나 쫓겨나는 것이 충분히 예상되는 결과입니다.

원장에게 죽을 더 달라고 간청하는 올리버

그럼에도 소년들은 고양이 목에 방울을 다는 끔찍한 위험을 감수하기로 결정하고 말았습니다. 혹시라도 간청이 받아들여져서 죽을 더 먹을 수 있는 행운이 찾아온다면? 굶주려 죽는 불행을 막을 수 있고 "자기 옆에서 자는 아이를 잡아먹는" 비극도 모면할 수 있겠지요. 결국은 제비뽑기를 통해 올리버를 대표로 뽑아서 등 떠

밀 듯이 원장 앞으로 내보내고 말았네요. 올리버는 고양이 목에 방울을 다는 쥐의 임무를 떠맡게 된 것입니다. 어떻게 날마다 한 그릇의 죽으로만 한 끼의 식사를 대신할 수 있다는 말입니까? 이런 비인간적 원칙에 비추어 본다면 구빈원 소년들의 심정을 충분히 이해할 수 있지 않을까요?

영화 〈올리버 트위스트〉의 한 장면. 구빈원에서 배급받은 죽 한 사발을 다 비웠지만 그것만으로는 배고픔을 이길 수가 없었던 구빈원의 소년들. 제비뽑기를 통해 구빈원의 원장에게 죽을 조금만 더 달라고 간청할 사람으로 올리버 트위스트를 뽑는다. 그가 모든 소년의 간절한 바람을 떠맡아 두려움을 무릅쓰고 원장을 향해 걸어 나간다.

"저기요, 원장 선생님, 조금만 더 주세요"

(…)

"제발, 원장 선생님. 조금만 더 주세요."

– 찰스 디킨스, 《올리버 트위스트》, 이선주 옮김, 지식을만드는지식, 2009, p.25

모든 소년들의 간절한 소망을 십자가처럼 어깨에 짊어진 채 구빈원의 원장에게 간청하는 올리버의 말입니다. 고기를 먹여 달라는 것이 아닙니다. 죽을 "조금만 더" 배급해 달라는 애원은 매우 당연한 것입니다. 영양을 공급해 달라는 것이 아니라 굶어 죽지 않도록 허기를 채워 달라는 뜻이니까요. '생명'을 가진 존재로서 자신의 생명을 유지해 나갈 정당한 생명권을 지켜 달라고 주장하는 것입니다.

영양실조로 병들어 죽는 아이들

'생태주의'의 관점으로 본다면 인간만이 아니라 동식물을 포함한 자연도 '생명권'을 갖고 있습니다.[43] 이처럼 자연의 생명도 소중하거늘 하물며 자라나는 소년들의 생명을 함부로 방치한다는 것은 생명권을 침해하는 행위가 아닐까요? 인간에게 부여된 **천부인권**天賦人權을 박탈하는 것도 틀림없는 사실입니다. 실제로 구빈원에서 끼니마다 죽 한 그릇만 먹고 생활하다가 영양실조로 병들어 죽는 소년들이 속출했으니까요.

천부인권 하늘이 사람에게 부여한 평등한 권리이다. 18세기의 존 로크, 볼테르, 장자크 루소 등 유럽의 계몽사상가들에 의해 널리 퍼진 인권사상을 '천부인권설'이라고 한다. 이 사상은 프랑스의 시민계급을 '계몽'하여 '프랑스 대혁명'을 통해 전제군주제를 무너뜨리고 공화주의를 실현하는 데 큰 영향을 주었다.

3

외면할 수 없는 고통에 대한
연대 의식

장의사로 보내진 올리버

구빈원에 수용된 소년들은 생명권을 짓밟히고 인권을 말살당한 '노동'의 도구였습니다. 소년들의 노동을 통하여 이득을 키워 나가는 구빈원의 모습에서 그 당시 영국의 정치와 정책이 얼마나 잘못되었는가를 실감할 수 있겠지요? 이는 디킨스가 비판하는 점이기도 합니다. "죽을 조금만 더 달라는" 정당한 애원조차도 거부당하고 독방에 수감되어 체벌을 받은 올리버. 그를 매우 못마땅하게 여긴 구빈원 직원 범블은 그를 장의사 주인 소워베리의 **도제**徒弟로 넘겨 줍니다. 소워베리의 장의사에서 일하는 동안 올리버는 수많은 구빈원 원생들의 시체를 목격했습니다. 굶주려 죽거나 병들어 죽은 무수한 백성들의 주검도 보았습니다. 소중한 목숨들이 폐기물

도제 어린 직공을 의미한다.

처럼 버려지고 처리되는 것을 지켜 보는 올리버의 마음속에는 눈물의 강이 흐르고 있었습니다. 그의 눈물에서 19세기 영국 민중의 애환이 느껴집니다. 그의 가슴에 맺힌 상처의 멍울에서 빅토리아 여왕 시대의 민중이 얼마나 심각한 좌절감 속에서 살았는지를 이해할 수 있습니다.

소매치기가 된 올리버

장의사에서 일하던 올리버는 그곳에서 함께 일하던 힘센 소년 노아에게 줄곧 학대를 당합니다. 게다가 억울한 일로 누명까지 쓰게 되자 올리버는 날마다 민중의 시체를 보는 슬픔과 노아의 학대로부터 자유로워지기 위해 가장 큰 도시 런던으로 떠납니다. 인생의 탈출구를 찾으려는 심정으로 런던행을 결심했지만 그곳에 도착할 때까지 올리버의 동반자는 여전히 '굶주림'이라는 이름의 불청객뿐이었습니다. 노숙자 신세가 된 올리버는 이곳저곳을 헤매다 세상사에 닳고 닳은 소년 잭 도킨스를 우연히 만납니다. 잭은 '솜씨 좋은 미꾸라지'라는 별명이 붙을 정도로 소매치기 솜씨가 뛰어난 소년이었습니다. 슬쩍 지갑을 훔쳐 가면서도 좀처럼 들키지 않고 소리 없이 잘 빠져 나간고 해서 '미꾸라지'라는 별명이 붙은 것이지요. 올리버는 잭의 손에 이끌려 소매치기 일당의 두목 페이긴의 소굴로 흘러 들어갑니다. 올리버는 생계를 유지하기 위해 어쩔 수 없이 어른들의 도구로 이용당하면서 소매치기와 도둑의 신세로 전락합니다. 그러나 이러한 올리버의 비참한 생활은 산업혁명 직후의 영국 사회에서 아이들이 겪어야만 했던 매우 일반적인 현상이었다고 합니다.

영국 사회의 착취 구조 비판

돈을 안주거나 조금 주고도 쉽게 부려 먹을 수 있는 약한 아이들을 '돈벌이'의 수단으로 악용하는 그 당시 영국 어른들의 비인간적인 모습이 소설 속에서 적나라하게 고발되고 있습니다. 작가는 '자본'을 소유하기 위하여 약자를 기계의 부품처럼 이용하는 영국 사회의 '착취' 구조를 비판하고 있습니다. 이러한 비인간적인 사회구조를 인간의 땅에서 사라지게 하려면 정치와 정책의 개혁이 반드시 필요하다는 것을 우리에게 암시해 줍니다. 찰스 디킨스는《올리버트위스트》를 통하여 국민 모두에게 유익을 줄 수 있고 약자의 권리를 보호할 수 있는 **위정자**爲政者들의 '민생' 정치가 하루 빨리 실현되어야만 한다는 메시지를 던져 줍니다. 물론, 사악한 사람들의 틈바구니에서도 타고난 선한 성품과 젠틀맨의 기질을 잃지 않기 위해 끝까지 자신과의 싸움을 멈추지 않은 올리버에게 찬사의 박수를 보내 달라고 호소하는 디킨스의 목소리도 들려옵니다.

가난한 이들의 고통을 나눠 지려는 마음

1843년에 디킨스가 발표한 또 다른 명작 소설《크리스마스 캐럴》

위정자 정치하는 사람을 의미한다.

의 사회적 배경도 《올리버 트위스트》와 다르지 않습니다. 《크리스마스 캐럴》의 주인공인 구두쇠 할아버지 스크루지를 기억합니까? 그 사람의 집 문밖에서 동전을 구걸하던 소년도 어렴풋이 떠오를 거예요. 인정이라고는 털끝만큼도 찾아볼 수 없는 수전노 스크루지에게 거절당하여 얼어붙은 길거리를 헤매야만 했던 소년. 그가 바로 올리버 트위스트가 아닐까요?

예수의 '**긍휼**'과 석가의 '자비'와 공자의 '**인仁**'은 올리버 트위스트 같은 사람들을 향해 피어나야 할 아름다운 꽃입니다. 불우한 소년 올리버를 조건 없이 아들로 삼은 신사 브라운로처럼 가난한 자들의 눈물을 어루만지며 그들과 함께 고통의 짐을 나눠 지려고 하는 마음이 그들을 도와주는 길의 출발점이 될 것입니다. 고통에 대한 연대 의식! 이것은 올리버가 살았던 산업혁명 직후의 영국 사회뿐만 아니라 빈익빈 부익부의 양극화가 아직도 남아 있는 현대사회에도 꼭 필요한 인간의 도리가 아닐까요?

긍휼 이스라엘이 로마 제국의 식민지로 통치를 받던 시절에 예수 그리스도는 제자들과 유대의 민중(유태인들)에게 "긍휼히 여기는 자는 복이 있다"라고 가르쳤다. 가난하고 불우하고 소외된 자들에게 연민을 갖는 것이 사랑의 시작임을 시사한 것이다. 《신약 성경》의 〈마태복음〉 5장 7절을 참조할 것.
인仁 춘추시대 노나라의 학자 공자가 제자들에게 가르쳤던 사상의 핵심이다. '인'의 사상은 훗날 전국시대 추나라의 학자 맹자에 의해 더욱 발전되어 유교와 유학의 근본이념이 되었다.

최대 다수의 최대 행복이야말로 모든 법과 도덕의 기초가 되어야
한다. 처벌은 악이지만 더 큰 악을 막고 다수의 행복을 위해서라면
반드시 실시되어야 한다. 옳고 그름에 대한 진정한 잣대는 최대 다
수에게 최대 행복이 돌아가는가이다. – 제러미 벤담(Jeremy Bentham)

8장

국가의 중요한 발전 요소, 국민의 자유

국민주권주의 시각으로 이해하는
존 스튜어트 밀의 《자유론》

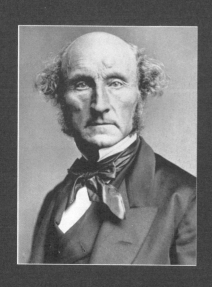

존 스튜어트 밀(John Stuart Mill, 1806~1873)

영국의 철학자, 사회학자, 정치경제학자인 존 스튜어트 밀. 그는 런던의 '펜톤빌'에서 출생하였다. 그는 "최대 다수의 최대 행복"을 주장했던 공리주의자 제러미 벤담의 사상을 계승하였다. 그는 계몽사상의 연장선인 경험주의 인식론과 논리학과 윤리학에도 밝은 철학자였다. 공리주의(功利主義)에 바탕을 둔 그의 폭넓은 철학은 19세기 유럽의 '자유주의'와 결합되어 '민주주의'의 발전에 꼭 필요한 정치사상으로 발전하였다. 그는 '최대 다수'의 국민이 '최대 행복'을 누리는 공리의 단계로 국민의 자유를 실현하기 위해 영국의 현실정치에 뛰어들어 최선의 노력을 다하였다. 하원 의원으로서 비례대표제와 노동조합 결성 등을 주장하면서 사회개혁 운동을 펼쳤고, 1869년에는 영국 역사상 최초로 여성에게도 투표권을 줘야 한다는 정치 혁명적 제안을 영국 의회에 제기하였다. 저서 《대의정부론》에서 확인할 수 있는 것처럼 그가 주장한 참정권 확대와 선거제도의 개혁 등은 '직접민주주의' 사회로 나아가는 중요한 이정표가 되었다. 대표 저서로는 세계적 명저 《자유론》(1859)을 비롯하여 《논리학 체계》(1843), 《정치경제학 원리》(1848), 《여성의 종속》(1869), 《공리주의》(1863) 등이 있다.

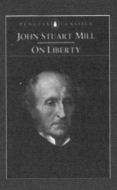

팽귄(penguin) 출판사에서 출간된 존 스튜어트 밀의 《자유론》 영문판 표지.

| 작품 소개 |

자유론 On Liberty

존 스튜어트 밀의 대표 저서이자 정치사상의 고전으로 손꼽히는 《자유론》. 이 책은 19세기 유럽 대륙을 휩쓸었던 '자유주의'가 밀의 공리주의 및 경험주의 철학과 조화되어 탄생한 '정치적 자유주의'의 걸작이다.

영어권 국가의 대학에서는 지금도 정치학 교재이자 영문학 교재로 강독되고 있다. 이 책에서 읽을 수 있는 밀의 정치사상은 어떤 것일까? 국가와 권력과 국민 간의 관계를 '공리'의 관점으로 바라보고 있는 것이 가장 두드러진 특색이다. 밀의 《자유론》을 '최대 다수의 최대 행복'이라는 벤담의 견해에 비추어 해석해 보자. 국민은 '최대 행복'을 누려야 하는데, 국민의 행복이 '최대'의 상태가 되려면 국민의 '자유'가 보장되어야 한다. '최대 다수'의 국민이 자신의 주권을 실현하는 차원에서 '최대 행복'인 자유를 억압받지 않고 누릴 수 있도록, 국민은 국가와 권력의 도움을 받아야만 하는 것이다. 국가는 국민의 공리를 위하여 국민을 섬기는 정치공동체이기 때문이다. 권력은 국민의 공리를 위하여 국민으로부터 위임받은 힘이기 때문이다. 이것이 《자유론》에서 읽을 수 있는 국가와 권력과 국민 간의 관계다. 시민과 국민은 사회와 국가 안에서 자신의 사상과 견해를 표현하는 '자유'를 제약 없이 보장받아야 한다는 메시지가 이 책의 핵심이다. 표현하는 방식은 제약을 받을 수 있지만 표현의 내용만큼은 어떤 내용이든지 아무런 제약을 받지 않는 사회가 정치적으로 발전하는 사회라는 것이다. 현대 '민주주의'의 토대가 되는 정치사상을 이 책에서 만날 수 있다.

(참고본: 《자유론》, 존 스튜어트 밀 지음, 김형철 옮김, 서광사)

1

부부의 사랑으로 빚어낸
지성의 하모니

밀이 쓰고 아내가 수정하고 보완한 《자유론》

존 스튜어트 밀의 《자유론》은 밀이 훌륭한 지성인으로 칭송한 그의 부인 해리어트 테일러 밀Harriet Taylor Mill의 보완과 수정 작업을 거쳐 1859년에 출간된 책입니다. 그러므로 엄격하게 말하면 《자유론》은 존 스튜어트 밀과 해리어트 테일러 밀의 공저입니다. 해리어트는 본래 유부녀였습니다. 밀은 이 유부녀와 21년간의 연애 끝에 결혼하게 되었습니다. 해리어트의 남편 테일러가 세상을 떠나고 홀로 남은 해리어트를 부인으로 맞이한 것입니다. 해리어트가 유부녀이던 시절에 밀은 정신적 교류를 통하여 사랑을 주고받는 '신사의 품격'을 지켰다고 합니다. 젠틀맨십을 표방하는 영국 신사다운 매너입니다. 1851년 해리어트와 결혼한 후에 밀은 부인의 도움으로 학문과 저술에서 더욱 안정된 발전의 길을 걸어갑니다.

정치, 사회, 법률 등이 시민의 자유와 어떤 연관성을 갖고 있으며 개인의 권리에 어떤 영향을 미치는지에 관하여 존 스튜어트 밀이 가장 많은 이야기를 나누었던 토론의 상대자는 부인 해리어트입니다. 해리어트는 '학자'라고 해도 지나친 말이 아닐 정도로 인문학의 풍부한 식견을 가진 지식인이었습니다. 밀이 구상하는 몇 가지 학술 개념들을 구체적으로 설명하는 글을 직접 써서 밀의 책 속에 담아 줄 만큼 해리어트는 폭넓은 지식과 논리적 문필을 겸비한 인재였습니다. 남편이 최종 원고를 출판사에 넘기기 직전에 문장의 오류가 없는지 검토하고 틀린 곳을 꼼꼼히 수정하면서 부실하다고 판단되는 곳에는 철저히 첨삭하는 수고를 즐거운 마음으로 감당했다고 합니다. 사상가 밀이 걸어가는 인생길을 동행하는 운명의 연인이자 가장 믿음직한 동지가 아닐까요?

《자유론》 출간 한 해 전에 세상을 떠난 해리어트

영국의 식민지였던 인도의 '동인도 회사'에서 35년 동안 근무했던 밀은 1858년 동인도 회사를 사직하고 해리어트와 프랑스로 휴가 여행을 떠납니다. 그러나 안타깝게도 프랑스의 유서 깊은 도시 '아비뇽'에서 해리어트는 갑작스런 폐충혈로 세상을 떠나고 말았습니다. 밀은 아비뇽에 부인의 시신을 묻고 1873년 부인 곁에 묻힐 때까지 그곳에서 남은 인생을 보냈다고 합니다. 《자유론》의 첫 페이지를 펼치면 이 책의 집필에 해리어트가 끼친 영향이 얼마나 컸

던가를 알 수 있습니다. 부인에게 이 책을 바치는 글, 즉 '헌사(獻詞)'를 조금이나마 읽어 볼까요?

"나는 이 책을 나의 저술 중에서 최선의 모든 것에 영감을 불어넣어주었고, 그 일부를 직접 쓰기도 하였던 여인에 대한 사랑스럽고도 애도에 찬 추억에 바친다. 그녀는 나의 친구이자 부인이었고, 그녀가 진리와 정의에 대하여 보여 준 고귀한 의무감은 나에 대한 가장 강렬한 격려가 되었고, 그녀의 추인(追認)은 나의 주요한 보상이었다. 내가 수년간 걸쳐서 썼던 모든 저술이 그러하듯이, 이 책은 나의 것인 동시에 그녀의 것이기도 하다."

– 존 스튜어트 밀, 《자유론》, 김형철 옮김, 서광사, 1992, p.13

해리어트 테일러 밀 (Harriert Taylor Mill, 1807~1858). 존 스튜어트 밀의 부인이기 이전에 친구이자 학문의 동지였다.

해리어트의 사랑과 도움으로 탄생한 명저 《자유론》! 그러나 남편의 가장 영예로운 책이 출간되기 한 해 전에 눈을 감은 것이 밀의 가슴을 더욱 아프게 했으리라 생각됩니다. 헌사를 제외하면 《자유론》의 내용은 서론을 포함하여 전체가 5장으로 구성되어 있습니다. 이 책은 밀에게 가장 큰 영향을 미친 사상가들, 즉 **토머스 홉스, 존 로크, 제러미 벤담**이 이야기한 '자유'에 관한 견해들을 종합하고 존 스튜어트 밀 자신의 '자유' 사상을 조화시켜서 편찬한 불후의 명작입니다.

토머스 홉스 영국의 정치사상가이다. 명저《리바이어던》의 저자로서 최초의 민주적
사회계약론자이기도 하다. 서구 정치사상의 발전에 결정적 영향을 준 정치사상의
아버지 역할을 했다. 존 스튜어트 밀을 비롯하여 프랑스의 볼테르, 루소에게까지 그
의 민주주의적 정치사상의 영향이 미친다.

존 로크 영국의 계몽사상가이자 정치사상가이다. 특히 경험주의 철학의 대들보로
명성을 드높였다. 그의 계몽사상이 담겨 있는 저서들은 프랑스의 볼테르와 루소에
게 큰 영향을 주어 프랑스 대혁명을 낳는 정신적 힘으로 작용하였다. 미국의 독립혁
명에도 영향을 주어 미국 '독립선언문' 속에 그의 '자유' 정신이 반영되어 있다. 특
히 그의 계몽사상과 경험주의 인식론은 존 스튜어트 밀의 민주주의적 '자유' 사상
을 발전시키는 밑거름이 되었다. 무엇보다도 그의 사상은 토머스 홉스와 함께 영국
'민주주의'의 뿌리라고 말할 수 있다.

제러미 벤담 영국의 법학자이자 철학자이다. 대표적 공리주의자로 명성을 드높였
다. 존 스튜어트 밀과 함께 존의 아버지 제임스 밀을 '공리주의' 철학자로 길러 낸
공리주의 대가이자 큰 스승이었다. 그의 공리주의 사상을 대변하는 "최대 다수의
최대 행복"이라는 원칙에 따라 법과 제도의 개혁을 중심으로 사회 전반에 걸쳐 구
체적 개혁안을 제시하였다.

2
존 스튜어트 밀이 말하는
국민의 자유

국민이 위정자의 권력 행사를 제한할 자유

시민과 국민의 대리자로 권력을 위임받은 위정자들이 '권력'을 남용하여 국민과 시민의 자유를 제한하려고 하는 모든 반민주적 행태에 대하여 《자유론》의 저자 밀은 가차 없이 제동을 겁니다. 그러므로 《자유론》에서는 정치 비평의 성격이 강하게 나타납니다. '국가'라는 정치공동체의 구성원인 국민과 '사회'의 구성원인 시민이 개인으로서 보장받아야 할 '자유'의 성격에 관하여 밀은 어떻게 말하고 있을까요? 《자유론》을 펼쳐 보겠습니다.

"이 논문의 주제는 이른바 자유의 의지에 관한 것이 아니라, 시민 자유 혹은 사회 자유에 관한 것이다. 즉 사회가 개인에 대하여 정당하게 행사할 수 있는 공권력의 성질과 한계에 관한 것이다."

– 존 스튜어트 밀, 《자유론》, 김형철 옮김, 서광사, 1992, p.17

한 국민 혹은 한 시민은 "개인"이라고 말할 수 있습니다. 그런데 이 개인의 "자유"는 그 어떤 이유로도 국가의 "공권력"에 의해 침해당하거나 억압당해서는 안 된다는 뜻을 아예 〈서론〉에서부터 암시하고 있습니다. "정당함"의 한계를 벗어나서 부당하게 개인의 자유가 제약당하는 일이 비일비재하다는 것을 은근히 비판하고 있습니다. "개인"으로서의 국민 혹은 시민이 가져야 할 최소한의 자유는 무엇일까요? 그것은 제왕적 권력을 행사하려는 위정자의 지배로부터 국민 스스로 주권을 지켜 내는 바로 그 "자유"입니다. 민주주의 국가에서 위정자의 권력이란 국민의 뜻과 기대와 신임이 결집되어 이루어진 바로 그 '권력'이기 때문입니다. 그러므로 위정자가 행사하는 권력에 대하여 국민이 스스로 제한을 가하는 것은 정당한 행위입니다. 그렇게 "제한을 가하는 것"[44]은 국민이 민주사회의 개인으로서 마땅히 가져야 할 "자유"[45]입니다.

헌법이 보장하는 국민의 평화적 항거

그런데 국민이 위정자의 권력 행사를 견제하고 제한하는 이 정당한 자유를 침해당한다면 국민으로서는 어떤 행동을 전개할 수 있을까요? 이 '자유'는 국민과 시민이 태어날 때부터 하늘로부터 부여받은 개인의 천부인권이기도 합니다. 그러므로 자유를 침해당하는 위정자의 권력 남용이 발생하는 즉시 국민은 그 어떤 외부 세력의 영향력 없이도 국민 스스로 '정의'의 이름 아래 평화적 항거를 전개할 수 있습니다. 그 비폭력의 항거는 얼마든지 정당화됩니다. 존 스튜어트 밀은《자유론》의〈서론〉에서 국민과 시민이 갖는 정당하고 합리적인 항거를 다음과 같이 강조하고 있네요.

> "만약 (위정자의 권력 행사를 제한하는 자유를) 그가 침해를 했다면 (국민의) 국소적 저항 혹은 전반적 항거가 정당화되었다."
> – 존 스튜어트 밀,《자유론》, 김형철 옮김, 서광사, 1992, p.19

위정자가 국민으로부터 위임받은 권력을 국민의 뜻에 위배되는 방향으로 행사할 경우에 국민은 권력의 주체답게 위정자의 잘못된 권력 행사를 당당히 "제한"할 수 있습니다. 그런데 국민이 가져야만 하는 이러한 합리적인 제한의 "자유"가 제약당하거나 "침해"당한다면 국민은 위임자답게 평화적인 방법으로 "항거"할 수 있는 것입니다. 민주공화국에서 살아가는 모든 현대인들이 공감할 수 있는 민주적 메시지가 존 스튜어트 밀의 말 속에 담겨 있습니다. 국민의 "전반적 항거가 정당화"될 수 있는 정치적 근거는 분명합니다. 그 근거란 무엇일까요? 그것은 바로 민주주의 국가의 토대가 되는 "헌법"이 위정자의 권력 행사에 대하여 "확립한 제약"[46]입니다. 평화적 수단과 비폭력 방법에 의한 국민의 "전반적 항거"를 헌법이 보장하고 있는 것입니다. 그러므로 모든 시민의 공감대가 형성된 국민의 전반적 항거를 위정자가 공권력으로 억압할 명분은 있을 수 없고 또한 있어서도 안 됩니다.

3

위정자의 이익과 국민의 이익을
일치시키는 '자유'의 힘

민주사회를 구성하는 개인적 시민으로서의 국민

위정자의 부당한 권력 행사를 제한하기 위해 국민이 쏟아 낸 비판적 견해의 "자유"와 비판적 표현의 자유를 위정자가 침해하려고 했기 때문에 국민이 "전반적 항거"로 대응하는 것은 자연 발생적 투쟁이며 민주시민의 기본적 저항입니다. 이것은 위정자에게 가하는 "헌법적 제약"을 국민이 스스로 준행하고 있는 것입니다. 우리는 헌법이 확립한 바로 이 민주적 "제약"이 대한민국 국민의 "전반적 항

촛불 시민혁명 2016년 12월 3일 박근혜 정부의 국정농단 사태를 규탄하며 대통령의 퇴진을 주장했던 100만 대한민국 시민의 헌법적 요구는 12월 9일 국회의 대통령 '탄핵소추안 가결'을 이끌어 냈고, 마침내 2017년 3월 10일 '헌법재판소'로 하여금 헌법재판관 만장일치의 '대통령 파면 선고'를 내리게 하는 결정적 원동력이 되었다.

거"의 불꽃으로 점화되어 타올랐던 2016년 12월 3일의 '**촛불 시민혁명**'을 똑똑히 기억하고 있습니다.

위정자들의 이익이 국민의 이익인 나라

민주주의 사회를 구성하는 개인적 시민으로서 국민이 갖는 '자유'의 의미를 곰곰이 생각하며 밀의 《자유론》을 읽어 보세요. "대한민국의 주권은 국민에게 있고 모든 권력은 국민으로부터 나온다"는 헌법 제1조 2항의 내용이 가슴에 와닿을 거예요. 민주시민으로서의 자부심도 느낄 수 있을 것입니다. 국가의 주권을 국민이 갖고 있고 모든 권력의 근원이 국민임을 명시하고 있는 민주공화국의 **헌법**을 염두에 두면서 《자유론》을 읽어 보세요. 문장을 따라가다 보면 위정자들의 이익이 곧 국민의 이익과 비례하는 국가가 진정으로 국민을 위하는 국가임을 깨닫게 됩니다.

"즉 그들(위정자들)의 이익과 의사가 국민의 이익과 의사와 일치해야 한다는 사실이다."

－《자유론》(존 스튜어트 밀 지음, 김형철 옮김, 서광사) 중에서

밀의 말처럼 "국민의 이익과 의사"가 위정자들의 이익과 의사와

헌법 헌법 제1조 1항에는 "대한민국은 민주공화국이다"라고 명시되어 있다.

어긋나지 않는 나라가 실현되기 위해서는 국민의 의사와 시민의 여론에 의해 위정자들의 정책 지표가 정해져야 하겠지요. 앞서 언급했던 '촛불 시민혁명'의 승리에서 볼 수 있듯이 행정부의 수반이라 할지라도 국민의 의사를 무시하거나 "국민의 의사에 대하여 효과적으로 반응"하지 못할 경우에는 언제든지 국민에 의사에 의해 수반의 자리에서 "신속하게 파면될 수 있도록" 하는 것이 상식으로 받아들여지는 나라가 민주주의 국가입니다. 2017년 3월 10일 "국민의 의사"를 반영하여 헌법재판소에 의해 대통령 파면 선고가 내려진 대한민국의 정치적 사례가 떠오릅니다. 이것을 상기시켜 주는 밀의 국민주권 논리를 들어 볼까요?

"지배자가 국민의 의사에 대하여 효과적으로 반응하고, (효과적으로 반응하지 못할 경우엔) 그 국민의 의사에 의해 신속하게 파면될 수 있도록 하자. 그리고 국민 스스로에 의해 (권력의) 사용 범위가 제한된 권력을 소유한 지배자를 신뢰할 여유를 가질 수 있다."

– 존 스튜어트 밀, 《자유론》, 김형철 옮김, 서광사, 1992, P.20

국가의 중요한 발전 요소는 국민의 '자유'

부인할 수 없는 객관적 사실을 근거로 삼아 위정자의 정치행위와 정부의 정책을 비판하는 '자유'가 제한 없이 인정되는 국가![47] 이런 국가가 국민을 존중하는 국가임을 밀의 견해로부터 알게 됩니다. 그 비판의 자유가 위정자에 의해 제한되는 것을 막기 위해 위정자의 권력의 "사용 범위"를 "국민 스스로가 제한하는" 자유가 보장되는 국가! 그런 국가가 국민의 미래를 밝게 비추는 국가입니다. 하지만 위정자의 정치를 비판한다고 해도 그 '비판'이 국민의 다수가 속한 공동체의 특정한 이익을 성취하려는 데 목적을 두는 것이라면, 그 비판의 의도를 역逆으로 비판하는 자유가 국민에게 열려 있는 국가가 국민을 이롭게 하는 국가입니다.

　소수의 국민이 표현한 "의견"이 오늘의 정치보다 나은 내일의 정치를 만들 가능성이 엿보인다면 그 소수의 의견에 대하여 언제 어디서든지 "토론"할 수 있고 또한 그 토론의 내용을 대중에게 공개할 수 있는 자유를 보장하는 국가가 국민의 발전을 도와주는 국가입니다.[48] 존 스튜어트 밀의 《자유론》을 읽으면 국가의 발전을 결정하는 가장 중요한 요소는 국민의 '자유'임을 깨닫게 됩니다.

붕괴로 몰고 가는 냉혹한 기운이 세계를 잠식하는 오늘의 상황에
서 우리는 무엇보다도 현존하는 세계관에 대해 냉철하게 따져 보아
야 한다. 세상을 병들게 하고 그 속의 모든 것을 오염시키는 주범은
바로 우리들의 세계관이기 때문이다. – 제러미 리프킨(Jeremy Rifkin)

9장

독재자로부터 자유를
수호하는 국민의 비판적 지성

니부어, 아도르노, 호르크하이머의 사상과
에리히 프롬의《자유로부터의 도피》

에리히 프롬(Erich Fromm, 1900~1980)

독일의 프랑크푸르트에서 태어난 유태계 독일인이다. 하이델베르크 대학교에서
사회학, 심리학, 철학을 공부하였고 같은 대학교에서 정신분석학에 관한 논문으
로 박사학위를 받았다. 정신분석학 및 심리학의 전문가로 알려져 있다. 정신분석
학 및 심리학의 관점으로 '정치'를 분석하고 비평하여 '정치심리학'의 지평을 열었
다. 특히 정치 지도자들의 지배 욕구와 국민들의 물질적 욕망이 결합할 때 정치는
타락의 길로, 국가는 쇠락의 길로 접어든다는 것을 강조함으로써 후대의 정치 사상
가들에게 큰 영향을 주었다. 아돌프 히틀러와 나치 당(黨)이 지배하는 독일의 '제3
제국' 시대에 프롬은 미국으로 망명을 떠났다. 망명 생활 덕분에 유태인에 대한 박
해의 위협으로부터 벗어나 히틀러와 나치의 전체주의 체제를 자유롭게 비판할 수
있었다. 미시간 주립 대학교, 뉴욕 대학교, 컬럼비아 대학교, 멕시코 국립자치대학
교 등에서 강의와 교육을 통해 인재를 양성하는 일에도 소홀하지 않았다. 대표 저
서로는 세계적 베스트셀러《사랑의 기술》(1956)을 비롯하여《자유로부터의 도피》
(1941),《소유냐 존재냐》(1976) 등이 있다.

출판사 'Cucumber Lodge'에서
출간된 영문판 《자유로부터의 도피》.

| 작품 소개 |

자유로부터의 도피 Escape From Freedom

정치에 대한 책임이 정치 지도자에게만 있는 것이 아니며, 국민도 그 책임을 나눠야 한다는 깨달음을 준다. 국민으로부터 권력을 위임받은 지도자들이 그 권력을 국민과 국가를 위하여 공명정대하게 사용하지 못하고 독재와 전횡을 일삼는 사례들은 역사적으로 수없이 반복되어 왔다. 이 반복의 사슬을 끊는 것이 어려운 일이긴 하지만 현재보다 나은 미래의 시대를 열기 위해서는 반복의 연결 고리를 단절시키려는 노력이 필요하다. 그 노력이 국민에게 요구된다는 것을 이 책에서 배울 수 있다. 지도자들의 정치행위에 대하여 국민이 객관적 거리감을 가지고 조언, 건의, 비판, 개혁의 요구 등을 제시함으로써 '제왕적 권력'을 휘두르지 못하도록 적절히 제어하고 통제할 필요가 있다는 것 또한 가르쳐 준다. 인간다운 정치를 통하여 모든 국민이 자유와 인권을 제약 없이 실현하는 국가의 사회를 만들기 위해서는 정치가의 역할뿐만 아니라 국민의 역할도 크다는 것을 이 책에서 공감하게 된다.

(참고본:《자유로부터의 도피》, 에리히 프롬 지음, 원창화 옮김, 홍신문화사)

1
'자동인형'의 복종이 가져오는
'자유'의 상실

국가의 권력은 국민에게서 나온다

헌법의 토대 위에 세워진 국가의 권력은 국민에게서 나옵니다. 국민이 권력의 주인이므로 국민의 선거를 통해 선출된 국민의 대표이자 대리자에게 권력을 맡기는 것일 뿐입니다. 대통령중심제와 의원내각제 국가의 수반首班을 각각 대통령과 '수상'이라고 부릅니다. 그러나 대통령도, 수상도 전제군주제 시대의 국왕처럼 국민 위에 군림하는 사람이 아닙니다. 권력을 독점해서도 안 되고 권력을 소유물처럼 생각해서도 안 됩니다. 권력이란 모든 국민의 자유와 인권을 공평하게 실현하기 위하여 대통령과 수상에게 한시적으로 맡긴 국민 모두의 공유물이기 때문입니다.

처음과 끝이 다른 정치 지도자

세계의 역사를 돌아볼까요? 취임식 연설에서는 '국민을 섬기는' 대통령이 되겠노라고 엄숙히 선서했지만 시간이 흐를수록 그렇게 소중했던 서약을 헌신짝처럼 내버리는 정치 지도자들이, 수많은 나라에서 지금도 비극의 바통을 이어받고 있습니다. 대한민국의 정치 현실도 예외가 아니라는 것을 역사가 증명합니다. 국민의 **공복**公僕을 자처하는 지도자가 정치의 출발점에 섰을 때 보여 준 청사진에는 모든 세대의 기대와 성원이 살아 꿈틀거리고 있었지만 공복의 임무가 끝나는 날에 받아든 '정치 성적표'에는 F 학점의 오명이 뚜렷이 새겨지는 사례가 우리들의 기억 속에도 생생합니다.

지도자가 제시하는 정책을 비판 없이 수용하는 국민

물론 잘못된 정치에 대한 일차적 책임은 지도자에게 있습니다. 그러나 국민이 이성의 눈으로 그의 정치행위를 바라보지 못하고 그의 뜻에 복종하여 독재와 억압의 길을 맹목적으로 추종함으로써 정치를 타락의 벼랑 끝으로 몰고 간 것도 사실이 아닐까요? 지도자가 국민의 열망에 부응하는 비전을 제시하면서 국민에게 윤택한 복지를 약속한다면, 나라의 번영과 함께 개인의 안락한 생활을 머릿속에 그려 보는 국민이 많을 것입니다. 그러나 국민의 경제난을 해

공복 국가와 사회의 심부름꾼 혹은 봉사자이다.

소해 줄 수 있는 지도자임을 믿는다고 해도 그가 제시하는 모든 정책을 비판 없이 수용하고 지지해야 할까요? 비판적 거리감이 없는 국민의 획일적 사고방식이 지도자의 제왕적 권력 구조를 강화시키고 독재체제를 정당화시켜 왔다는 것을 잊어서는 안 될 것입니다.

'빵'을 위해 '자유'를 저당 잡힌 정신적 노예

살림과 생계도 중요하지만 그보다 중요한 것은 자유와 인권이 아닐까요? 의식주에 대한 염려의 짐이 예전보다 가벼워진다고 해도 지도자의 권력에 의해 언론과 출판과 집회와 결사의 '자유'를 봉쇄당하고 국민의 '알 권리'를 제약당하는 나날들이 길어진다면 이것은 민주국가의 국민이 아니라 군주국의 피지배자로서 살아가는 것과 다르지 않습니다. 곡식 창고를 '쌀과 보리'로 어느 정도 채워 준다고 해서 비판의식을 상실한 목각인형처럼 지도자의 정치행위에 끌려가기만 하는 국민을 '국민다운 국민'이라고 말할 수 있을까요? 그러한 국민은 '빵'을 보장받기 위해 독재자에게 인간의 '자유'를 저당 잡힌 정신적 노예를 닮았습니다. 에리히 프롬의 책 제목처럼 "자유로부터 도피"하는 길을 자청했다고 볼 수 있지 않을까요?

국민을 속인 지도자의 독재권력과 부정축재

정치 지도자가 경제적 안정을 보장해 주겠다는 약속을 어느 정도 지키는 경우에도 국민의 입장에서는 그의 독재를 정당화하지 말아야 합니다. 지도자의 권력은 국민으로부터 일임받은 것이기 때문에 국민의 민주적 '자유'를 억압하는 일은 어떤 명분으로도 정당화될 수 없습니다. 더욱 심각한 정치의 **적폐**積弊 현상은 무엇일까요? 국민에게 지지를 호소하는 **강령**綱領과 국민에게 굳게 약속했던 공약이 결과적으로는 국민을 속여 지도자의 독재권력과 **부정축재**不正蓄財를 위한 술책으로 드러나는 경우입니다.

국민의 환심을 사기 위한 이데올로기의 악용

역사를 돌이켜 보면 국민을 효과적으로 지배하거나 조종하기 위해 국민의 환심을 살 만한 **이데올로기**를 국민의 뇌리에 세뇌시키는 독재자들이 많았습니다. 프롬이 《자유로부터의 도피》에서 집중적으로 비판하는 히틀러와 스탈린 같은 정치가들이 대표적입니다. 그들이 인류의 역사에서 다시는 출현하지 말아야 할 '적폐'의 유형으

적폐 오랫동안 쌓여서 정치와 사회를 부패시킨 폐단이다. 청산해야 할 대상을 의미하기도 한다.

강령 정부, 정당, 노동조합 등의 목적, 기본 입장, 규범, 방향성을 간략히 정리하여 명시한 것으로 공적인 책임성이 따른다.

부정축재 정당하지 못한 방법으로 재산을 모으는 행위이다. 특히 정치나 공무원들이 정부와 공공기관의 재산을 편법에 의해 사적 재산으로 빼돌려서 모을 때에 '부정축재자'라는 낙인이 찍힌다.

이데올로기 철학 용어이다. 독일어 'Ideologie'에서 유래된 외래어이다. 사전에서는 "개인, 국민, 사회, 집단의 사상과 행동을 이끄는 관념이나 신념의 체계"라고 규정한다.

로 분류되는 까닭이 있습니다. 국민의 의식 속에 심어 놓은 이데올로기의 내용과 그들의 실제적 '정치'가 인간의 이성으로 판단해 볼 때는 너무나 동떨어져 있다는 것입니다. 이데올로기 속에 포함된 정치적 이상과 비전은 전혀 실현되지 못한 채, 국민을 추종자로 만들기 위한 정치적 전략으로 이데올로기가 악용되었기 때문입니다.

자아를 버리게 만드는 '자동인형'의 삶

행정부의 수반을 맡고 있는 지도자가 호소하는 이데올로기! 그것의 내용이 국민의 삶에 실제로 반영되고 사회 전반에 걸쳐서 실제적 효력을 나타내는가를 판단하고 검증해야 할 주체는 누구일까요? 그 주체는 바로 국민입니다. 이데올로기의 실효성을 이성적으로 판별하거나 평가하는 데 무관심한 국민이 대다수를 이룬다면 그 나라의 정치는 붕괴되었다고 볼 수 있습니다. 《자유로부터의 도피》에서 프롬이 비판했던 개념을 빌려 말한다면 국민이 독재자의 "자동인형"으로 조종당하는 굴종의 길을 스스로 선택하였기에 감수할 수밖에 없는 불행한 사태입니다. 프롬의 말을 직접 들어 보겠습니다.

"이 (도피의) 메커니즘은 어떤 동물에서 찾아볼 수 있는 보호색과 비교할 수 있다. 그런 동물들은 주위의 상태와 완전히 흡사해짐으로써 주위와의 구별을 어렵게 하여 자신을 보호한다. 개인적인 자아를 버리고 자동인형이 되어 주위 수백만의 다른 자동인형과 동일해진 인간은 이미 고독이나 불안감을 느낄 필요가 없다. 그러나 그 대신 그가 지불한 대가는 혹독하게 비싼 것으로, 그것은 바로 자아의 상실이다."

– 에리히 프롬, 《자유로부터의 도피》, 원창화 옮김, 홍신문화사, 1988, p.157

풍요와 윤택을 약속하는 지도자에게 미래를 내맡기고 그의 뜻에 맹목적으로 복종하는 국민이 많을수록 개인의 "자아"는 무의미해집니다. 소수가 아닌 다수이지만 "주위와의 구별이 어려울" 정도로 똑같은 "보호색"을 띠고 있는 국민입니다. 지도자가 통제하는 지배의 컨베이어 벨트 위에 몸을 눕히고 자동적으로 따라가기만 하면 됩니다. 경제적 안정과 물질적 안락이 보장된다고 확신하기 때문입니다. 이러한 "자동인형"의 삶은 국민으로 하여금 스스로 "개인적인 자아를 버리게" 만듭니다. 최면에 빠진 것처럼 판단과 비판의 능력이 마비된 수많은 국민을 생각해 보세요. 그들은 각각 '개인'이지만 그들은 마치 개인이 아닌 것처럼 "동일한 인간"의 집단에 속하게 됩니다. 이 집단의식은 국민을 "고독과 불안감"으로부터 지켜 주는 동물의 "보호색"과 같습니다. "자동인형"으로 변한 국민을 프롬이 "동물"에 비유한 까닭은 무엇일까요? 이성의 힘을 잃어버린 국민의 삶을 풍자한 것이 아닐까요?

정치에 대한 국민의 맹목

아리스토텔레스가 인간을 "사회적 동물"이라고 부른 것은 다른 동물과 구별되는 인간만의 고유한 능력이 있다는 것을 암시합니다. 그것은 인간만이 갖고 있는 '이성'의 힘입니다. 이성에서 우러나오는 인식과 판단, 비판, 반성, 개혁의 힘을 갖고 있기 때문에 인간은 조금이라도 더 '인간다운' 삶을 살기 위해 노력해 왔습니다. "어떻게 사는 것이 가장 인간다운 삶인가?" 하고 스스로 질문을 던지며 답을 찾기 위해 끊임없이 고민해 왔던 것도 이성의 요청에 따르는 인간만의 행동입니다. 물론 이 고민은 고대 그리스 철학의 시대부터 시작되어 21세기인 지금까지도 계속되고 있습니다. 조금 더 명쾌한 해답을 찾기 위한 끊임없는 고민들이 인간의 사상과 사회를 발전시키는 원동력으로 작용한 것이 아닐까요? 그렇다면 '정치'에 대한 국민의 태도에서도 '인간다움'은 반드시 필요하다고 봅니다. 돈이나 권력에 눈이 멀어서 사리를 제대로 분별하거나 판단하지 못하는 상태를 '맹목盲目'이라고 하지요? '정치'에 대한 국민의 맹목은 '인간다움'으로부터 멀어지는 상태입니다. 국민이 스스로 이성의 눈을 감아 버렸으니까요. 이 맹목의 상태에서 헤어 나오지 못하는 국민을 프롬은 "자아를 상실한" 인간이라고 비판하고 있습니다.

아리스토텔레스 플라톤의 제자로서 그와 함께 서양 지성사의 토대를 형성했던 그리스의 사상가이다. 철학, 문학, 논리학, 수사학, 형이상학, 정치학, 윤리학 등의 인문과학 분야와 물리학, 화학, 생물학, 동물학 등의 자연과학 분야에 이르기까지 그가 인류의 사상과 학문에 끼친 영향은 방대하다.

2
'궁극적 가치'가 되어야 할
국민의 '자유'

정책의 실현 가능성을 저울질하는 이성적 노력

인간이 '사회적 동물'로서 다른 동물과는 다른 '인간다움'의 고유한 가치가 실현되는 건강한 사회 속에서 살아가기를 바란다면, 정치가들의 **정견**政見과 정책에 대한 '맹목'의 어리석음을 극복해야만 합니다. 대중의 인기를 얻기 위한 공약에 현혹되어 실현 가능성이 적은 정책도 덮어 놓고 신뢰하는 태도를 떨쳐 버려야만 합니다. 헌법의 토대 위에 수립된 국가의 국민이라면 행정부의 수반을 비롯한 정치 지도자들의 정책에 대하여 일정한 거리감을 가지고 그것의 실현 가능성을 저울질하는 이성적 노력이 필요합니다. 그러한 노력을 국민이 포기한다면 국민에게 돌아오는 "대가는 혹독하게 비싼 것"

정견 정치에 관한 정치가의 의견이나 견해이다. 저명한 정치가가 기자회견 혹은 대변인을 통해 '정견'을 발표하는 사례가 많다.

이라고 프롬은 단언합니다.

히틀러에게 맹목적으로 복종한 독일 국민

지도자의 정책에 대하여 한 마디의 건의도, 한 번의 비판도 하지 못하는 국민은 어떤 삶을 살게 될까요? 지도자의 '독재 리모컨'으로 조종당하는 것을 스스로 원했기 때문에 자아를 상실하게 됩니다. 자유를 철저히 억압당하는 "혹독한 대가"도 치르게 됩니다. 프롬의 이러한 주장을 세계의 역사가 증명합니다. 아돌프 히틀러와 나치 당의 지배를 받았던 과거의 독일 국민들이 바로 그 맹목의 부끄러운 당사자들입니다. 지금은 독일의 국민 모두가 과거의 참담했던 과오를 반성하고 속죄하고 있지만, 당시의 독일 국민들은 프롬의 말처럼 히틀러의 "자동인형"이 되었습니다. 그들은 나치의 패권주의 정책에 절대적으로 복종하는 "자동기계"[49]의 집단으로 전락했습니다.

제3제국 당시에 '하일 히틀러(히틀러 만세)'를 외치는 나치의 장병들과 독일 국민을 향해 독재자 아돌프 히틀러는 똑같은 경례로 화답하였다. 그것이 의무적인 경례 방식이었기 때문이다.

다. 1930년대 경제난에 시달리던 독일 국민은 배불리 먹여 주고 일자리를 보장해 주겠노라는 히틀러의 달콤한 말에 취해서 이성의 눈을 감아 버렸습니다. 집단적 최면 상태에 빠진 듯 **"히틀러 만세!"**를 외치면서 독재권력의 제단 위에 소중한 자유를 값싼 제물로 헌납하고 말았으니까요.

제2차 세계대전 직후, 폐허의 현장

히틀러가 주도했던 '제2차 세계대전'으로 유럽 대륙에서만 3천만 명 이상의 사망자를 낸 것으로 추산됩니다. **사뮈엘 베케트**Samuel Beck-ett의 희곡《**고도를 기다리며**》에서 작중인물 '블라디미르'와 '에스트라공'의 내화가 떠오르네요.

블라디미르: 이 시체들은 다 어디서 온 걸까?

에스트라공: 이 해골들 말이지?

블라디미르: 그래.

에스트라공: 그렇지.

– 사뮈엘 베케트,《고도를 기다리며》, 오증자 옮김, 민음사, 2000, P.108

히틀러 만세 독일어로는 "하일 히틀러(Heil Hitler)"라고 한다. 히틀러를 신격화하여 숭배하는 구호이다. '제3제국' 시절에 나치 당원뿐만 아니라 모든 독일 국민이 공식적으로 사용한 경례 방식으로 '독일 경례'라고 부르기도 한다.

사뮈엘 베케트 '현대 부조리극의 창시자'로 불리는 극작가이자 소설가이다. 아일랜드 출신으로 1937년 프랑스 파리의 몽파르나스 근처에 거주한 이후 프랑스 시민으로 살면서 프랑스어로 작품을 창작하였다.

고도를 기다리며 1952년 프랑스 파리의 '미뉘' 출판사에서 출간된 사뮈엘 베케트의 희곡이다. 프랑스어로 발표된 이 작품은 베케트의 대표작으로 알려져 있다. 1969년 베케트는 이 작품으로 '노벨문학상' 수상자로 선정되었지만 시상식 참가와 모든 인터뷰를 거부했다.

《고도를 기다리며》는 1952년에 발표되었지만 베케트가 이 작품의 집필을 시작한 해는 1948년입니다. 제2차 세계대전이 1945년에 종결되었다고 해도 전쟁의 참화慘禍에 대한 트라우마가 아직도 유럽인들의 무의식을 지배하고 있던 때에 베케트는 블라디미르와 에스트라공의 대화를 들려 주고 있는 것입니다. 그런 까닭에 두 사람의 대화는 전쟁 직후의 유럽 땅에서 흔히 볼 수 있는 폐허의 현장을 암시하고 있습니다. 존엄성과 인격을 가진 인간을 해충을 박멸하듯이 마구잡이로 살상했던 야만적 범죄의 악몽을 상기시키는 대화이기도 합니다.

자유로부터 도피하는 자동인형의 운명

일어나지 말아야 했던 참극을 연출한 감독은 히틀러였지만 이 참극을 지켜보면서 열렬히 환호하고 박수갈채를 보낸 관객은 누구였을까요? 히틀러에게 맹목적으로 복종한 독일 국민이었습니다. 4장 '《유토피아》 이야기'에서 언급했던 라인홀드 니부어의 사상에 비추어 얘기해 볼까요? 인간으로 태어나서 인생의 마지막 순간까지도 포기하지 말아야 할 '궁극적 가치'[50] 중의 한 가지는 "자유"가 아닐까요? 그런데 당시의 독일 국민은 '도구적 가치'[51]인 물질을 소유하기 위하여 '보다 더 포괄적 가치'[52]인 자유를 독재자에게 담보물로 저당 잡히고 말았습니다. 자유로부터 도피하는 자동인형의 운명을 스스로 선택한 것입니다.

3

정치적 '마조히즘'을 거부하는
비판적 지성의 길

국민의 사고방식을 하나의 이념으로 지배하는 파시즘

《자유로부터의 도피》의 6장 '나치즘의 심리'를 읽어 보세요. 여기에서 프롬은 '나치즘'에 굴종하는 독일 국민의 "자동기계화" 현상을 해부하고 있습니다. 나치즘Nazism은 '국가사회주의'를 뜻하는 독일어 'Nationalsozialismus'의 영어식 명칭입니다. 영어와 독일어 명칭, 둘 다 상관없이 간략히 줄인 낱말이 '나치Nazi'입니다. 나치는 제3제국의 총통 아돌프 히틀러가 우두머리로 지휘했던 정당의 이름이기도 합니다. 6장 '나치즘의 심리'에서 프롬은 독일의 나치즘이 파시즘Fascism의 산물임을 밝히고 있습니다. 그런데 '파시즘'이란 무엇일까요? 파시즘은 히틀러와 동일한 시대에 제2차 세계대전을 주도했던 이탈리아의 전범戰犯 베니토 무솔리니Benito Mussolini가 만든 '파시스트' 당에서 파생되었습니다. 무솔리니의 정치활동 이

후부터 '파시즘'은 국민의 사고방식을 오직 하나의 이념으로 통합하여 획일적인 방향으로 지배하는 '전체주의' 성격의 **군부독재**軍部獨裁 체제를 의미하게 되었습니다.

한국 정치사에서 30년 동안 지속된 파시즘

대한민국의 역사에서는 박정희, 전두환, 노태우로 이어지는 30년간의 군부독재가 뚜렷한 사실로 기록되어 있습니다. 대한민국의 정치사에서 파시즘의 세월이 무려 30년이나 지속된 것은 매우 불행한 선례입니다. 그러나 민주주의를 국정의 정체성으로 삼고 있는 대한민국으로서는 국민의 주권이 제대로 실현되는 정치의 시대를 '영원한 현재'로 만들기 위해서도 과거의 뼈아픈 과오를 교훈으로 활용해야 합니다. 에드워드 헬릿 카의 말처럼 "역사란 현재와 과거 사이의 대화"[53]이며 그 대화 속에서 보다 나은 역사를 창조할 수 있기 때문입니다.

파시즘의 통치 방식

대한민국 국민들에게도 생소하지 않은 파시즘의 통치 방식은 어떤 것일까요? 군부에서 가장 강한 권력을 가진 장군이 자국의 군사

군부독재 국방을 책임져야 할 군부가 '쿠데타' 혹은 모반 등의 정당하지 못한 방법을 통하여 국가권력을 차지한 후에, 민주적 방법이 아닌 군사적 무력에 의지하는 강압적 방식으로 국민을 통치하는 현상이다.

력을 자신의 소유물로 삼고 이 군사력을 앞세워 정치권력마저도 장악합니다. 이렇게 획득한 정치권력의 지지기반은 국민이 아니라 무력일 뿐입니다. 변질된 정치권력을 손에 넣은 군부의 실력자는 무력에 의한 정치권력으로 국민의 생활 전반을 감찰하면서 문화의 모든 분야를 통제합니다. 각 분야의 문화 콘텐츠를 조작하는 것도 주저하지 않습니다. 국민의 문화에 가장 큰 영향을 끼치는 언론을 장악하여 방송 및 신문을 조종하면서 군부의 정치를 비호하고 선선하는 일에 모든 매체를 동원합니다.

히틀러와 나치의 문화정책을 비판한 아도르노와 호르크하이머

독일의 문예이론가이자 비평가인 테오도어 아도르노Theodor Adorno와 막스 호르크하이머Max Horkheimer가 저서 《계몽의 변증법》에서 히틀러와 나치의 문화정책을 비판했던 내용이 생각나는군요. 군부의 최고 권력자는 정통성 없는 정치권력을 무소불위로 휘두르면서 자신의 독재체제를 정당화하기 위해 '대중의 문화'를 조작하고 악용합니다. 이 독재체제를 선선하고 '계몽'하기 위해 '문화산업'을 적극적으로 육성하고 모든 문화매체를 조종합니다. 《계몽의 변증법》에서 정치의 진실을 왜곡하고 '대중을 기만하는 계몽'의 문화정책을 시행했던 장본인으로 비판의 도마 위에 오른 대상은 누구일까요? 독일적 파시즘의 형태인 '나치즘'의 리더 아돌프 히틀러와 나치 당입니다.[54] 이러한 문화적 관점으로 바라본다면 대한민국의 정치사를 무려 30년 동안이나 반민주의 암흑기로 몰아넣었던 군부독재도 한국적 파시즘의 형태가 아닐까요? 그들의 독재를 반대하거나 비판하는 신문, 방송, 책을 비롯한 문화매체들이 거의 대부분 폐간, 폐합, 폐지되는 아픔을 겪었으니까요.

국민의 생활양식을 군사력 강화에 종속시키는 군국주의

세계의 역사를 전쟁의 유혈로 붉게 물들였던 군국주의軍國主義의 세력도 '파시즘'에서 팽창하였습니다. 인류와 세계의 평화를 진정으로 갈망한다면 지상에서 전쟁이 사라져야 합니다. 그러나 전쟁을 근절하기 위한 근본적인 대안들 중 한 가지는 세계 각국의 국민이 파시즘의 출몰을 예방하기 위해 올바른 정치적 시각을 가져야 한다는 사실입니다. 파시즘 세력은 언제든지 군국주의 체제로 팽창하여 세계대전의 대재앙을 반복시킬 수 있는 시한폭탄과 같습니다. 그렇다면 '군국주의'라는 개념에 관하여 이해해 볼까요? '군국주의'는 군사력을 강화하여 세계 각국과의 대외적 관계 속에서 우위를 점유하고 지배권을 확보하려는 목적을 갖고 있는 체제와 사상입니다. 이 목적을 이루기 위하여 정치, 경제, 문화, 교육 등 사회 전반에 걸쳐서 국민의 생활양식을 군사력을 강화하는 일에 종속시킵니다. 필요에 따라서는 국민을 군사력 증대를 위한 수단으로 활용합니다. 그러므로 군국주의의 정치는 대부분 '독재'의 성격을 띠고 있습니다. 파시즘 체제가 군국주의로 팽창하는 것도 독재의 힘 때문입니다.

'침략 전쟁'이라는 야만의 아수라

군국주의 체제는 세계 각국에 대하여 '힘'의 우위를 차지하려는 목적을 이루기 위해 내부적으로는 자국의 군사력 강화에 우선순위를 두도록 국민을 세뇌시키고 사고방식을 통합합니다. 이 통합을 효과적으로 이루기 위해 언론, 출판, 집회, 결사의 자유를 억압하고 통제합니다. 국민의 다양한 사고방식을 없애야만 한 가지 목적 속에 국민을 묶어 놓을 수 있기 때문입니다. 그러므로 군국주의 체제는 태생적으로 '독재'라는 정치 방식을 고집할 수밖에 없는 모순을 안고 있는 것입니다. 국제사회에서 지배권을 거머쥐는 것이 궁극적 목적인 까닭에 대외적으로는 군사력이 열강의 반열에 오르는 단계에서부터 서서히 **패권주의**覇權主義 의 모습을 드러냅니다. 20세기 전반기에 독일, 이탈리아, 일본은 군국주의 체제의 토대 위에 '패권주의'라는 반인륜적 정책의 집을 건설한 장본인들입니다. 이 정책이 반영되어 나타난 실제의 정치적 결과물은 무엇일까요? 그것은 '침략 전쟁'이라는 야만의 **아수라**阿脩羅 였습니다. 프롬은 파시즘이 군국주의로 상승하여 전쟁을 폭발시키는 과정에서 '안정'을 갈망하는 국민의 집단적 심리가 작용하고 있다는 것을 정확히 간파하였습니다.

패권주의 사전에서는 "강대한 군사력으로 세계를 지배하려는 강대국의 제국주의적 대외 정책"이라고 정의되어 있다.

아수라 불교 용어이다. 얼굴이 셋이고 팔이 여섯인 귀신으로, 싸움을 일삼는 것으로 알려져 있다. 큰 싸움이 벌어져 난장판이 된 경우에 흔히 "아수라장이 되었다"고 말하는 것도 이 귀신의 이름에서 비롯되었다. .

프롬의 심리학적 비평을 들어 볼까요?

국민 개인의 자아를 없애도록 유도한 독재자

"그러나 앞서 권위주의적 성격의 논의에서 본 것과 같이 '사디
즘'적 측면과 아울러 '마조히즘'적 측면이 존재한다. 무력한 존재
를 지배하는 힘을 얻고자 하는 (지배자의) 욕망과 더불어 압도적
으로 강한 힘에 복종하여 자기를 송두리째 없애 버리려는 피지배
자의 욕망이 존재한다. 나치의 이데올로기의 실천인 이러한 '마조
히즘'적 측면은 대중을 보면 가장 명백하다. 대중은 개인의 존재
는 보잘 것 없으므로 문제가 되지도 않는다는 말을 되풀이해 듣게
된다. 개인은 이러한 자기의 무의미함을 승인하고 자기를 보다 높
은 힘 속에 해소시켜서 이러한 보다 더 높고 굳센 힘의 영광에 참
여하는 것에 자랑을 느끼지 않으면 안된다."

– 에리히 프롬,《자유에서의 도피》(세계사상전집49),

고영복 옮김, 학원출판공사, 1983, P.206~207

프롬은 히틀러와 나치가 파시즘적 독재권력에 의해 독일 대중을
지배한 행위를 **"사디즘"**의 측면에서 비판[55]하더니, 피지배자인 독일
대중의 맹목적 **"복종"** 현상에 대해서는 **"마조히즘"**의 관점으로 비판
의 화살을 겨눕니다. 안락하게 살고자 하는 물질적 가치에만 사로잡

힌 국민의 "욕망". 이 욕망 때문에 이성적 판단능력을 상실하다 보니 파시즘 체제에 쉽사리 종속됩니다. 군국주의의 깃발을 높이 치켜든 독재자에게 '마조히스트'처럼 복종합니다. 그 당시의 독일 국민과 대중은 "무력한 존재"이므로 "압도적으로 강한 힘"을 가진 지도자 히틀러에게 복종해야만 무력한 상태를 벗어나서 안락한 미래가 보장된다는 말을 귀에 못이 박히도록 들어 왔습니다. 독일 전역에 보급된 라디오를 통해 "강하고 높고 굳센 힘"을 가진 지도자에게 "보잘 것 없고 무의미한 개인의 존재"를 무조건적으로 의탁해야만 그 "힘의 영광에 참여하는 것에 자랑을 느낄" 만큼 충분한 번영을 누리게 된다는 말을 반복적으로 청취해야만 했습니다. 국민으로 하여금 스스로 개인의 자아를 "송두리째 없애버리도록" 유도하는 전략이었습니다. 판단과 비판의 능력을 마비시키는 책략이었습니다.

대중의 자발적 복종이 빚은 '자동기계화' 현상

히틀러와 나치는 '대중을 기만하는' 문화 조작 시스템에 의해 이러한 반이성적 '계몽'의 메시지를 국민의 의식 속에 주입해 왔던 것

사디즘 프랑스의 소설가 사드(Sade, D. F.)의 이름에서 유래한 용어이다. 성행위 (性行爲)의 주체가 상대방을 학대함으로써 성적 만족을 얻는 변태 성욕의 증상이다. 이런 증상을 가진 사람을 '사디스트(sadist)'라고 한다.

마조히즘 성행위(性行爲)의 상대방으로부터 신체적으로 학대를 당함으로써 성적 만족을 얻는 변태 성욕의 증상이다. 이런 증상을 가진 사람을 '마조히스트(masochist)'라고 한다.

입니다. 그들은 번영과 안정을 갈구하는 독일 국민의 "욕망"을 자극하여 대중의 '마조히즘'적 심리를 유발하는 데 대대적 성공을 거두었습니다. 물론 이 성공은 어려운 일이 아니었습니다. 인생의 궁극적 가치를 정신보다는 물질에 두었던 국민의 욕망이 '자발적 복종'[56]의 촉매 역할을 했으니까요. 그러나 대중의 자발적 복종이 빚어낸 '자동기계화' 현상은 군부독재 체제인 파시즘을 군국주의 세력으로 팽창시키고 말았습니다. 세계사의 한 장을 할애할 만한, 되돌리기 어려운 역사의 실패작으로 남게 된 것이죠.

독재 속에서 '자유'를 지켜 내는 국민의 '비판적 지성'

민주주의를 체제의 정체성으로 유지하고 있는 민주공화국은 예외 없이 헌법의 토대 위에 세워졌습니다. 그런 까닭에 대한민국의 헌법 제1조 제1항에는 "대한민국은 민주공화국이다"라고 명시되어 있는 것이 아닐까요? 무엇보다도 민주공화국을 움직이는 정치의 유일무이한 절대적 원칙은 '국민주권주의'입니다. 나라의 주권이 국민에게 있다는 뜻입니다. "대한민국의 주권은 국민에게 있고 모든 권력은 국민으로부터 나온다."라는 헌법 제1조 제2항의 내용은 민주공화국의 정체성이 '국민주권주의'이고 헌법의 존재 의미와 가치도 '국민주권주의'에 있다는 것을 명시하고 있습니다.

그렇다면 민주공화국의 절대적 원칙이며 헌법의 근본적 가치인 이 '국민주권주의'를 위협하는 독재권력의 도전을 받을 때에 국민으로서 어떻게 대응하는 것이 민주공화국의 국민다운 정치적 태도일까요? 헌법의 가치를 근거로 제시하면서 불복종의 저항운동을 펼쳐야 하지 않을까요? 국민의 합의에 의해 헌법의 가장 중요한 원칙으로 제정된 '국민주권주의'의 이름으로 정당한 투쟁을 전개하는 것이 마땅한 도리가 아닐까요? 《자유로부터의 도피》를 읽으면 파시즘을 비롯한 모든 독재정치 세력에 대해 자동인형처럼 복종하는 정치적 마조히즘의 태도가 국가의 장래를 위태롭게 만드는 심각한 병인病因이라는 것을 알게 됩니다. 그러나 이 '병인'을 고쳐 줄 자는 정치가가 아닌 국민 자신이라는 진실을 이 책에서 만나게 됩니다. 독재의 어둠 속에서도 "자유"의 등불을 지켜 내는 파수꾼의 무기는 바로 국민의 '비판적 지성'이 아닐까요?

그대 자유의 온화한 날개가 머무는 곳에서
만인은 형제가 되리라.
– 프리드리히 실러(Friedrich Schiller)

10장

사랑과 자유, 휴머니즘을
갈망하는 유리 지바고

프리드리히 실러의 정치사상과
보리스 파스테르나크의《닥터 지바고》

보리스 파스테르나크 (Бори́с Леони́дович Пастерна́к, 1890~1960)
러시아(옛 소련蘇聯)의 시인이자 소설가. 모스크바에서 출생하여 모스크바 대학
교를 졸업했다. 화가 아버지와 피아니스트 어머니의 영향 때문인지는 몰라도 어
려서부터 예술에 남다른 취향과 재능을 보였다. 소년 시절에는 음악에 열망이 있
었지만 청소년기를 지나면서부터 철학에 깊은 관심을 보인 끝에 모스크바 대학교
에서 철학을 공부하였고, 더 깊은 철학 공부를 위해 독일의 '마르부르크' 대학교
에 유학을 다녀왔다. 귀국한 후에는 서정시 창작에 열정을 기울여 '순수예술파' 시
인으로 활동하였고 소련에서도 서정시인으로 널리 알려졌다. 그러나 파스테르나
크에게 세계적 명성을 안겨 준 작품은 시가 아닌 소설이었다. 그의 소설《닥터 지
바고》는 1958년 스웨덴 한림원에 의해 '노벨문학상' 수상작으로 결정되었다. 소
련 정부와 작가동맹의 압력으로 상을 받지는 못하였지만 러시아 최초의 노벨문학
상 수상자로 '기록'되는 영예를 안았다. 대표작으로는 첫 시집《구름 속의 쌍둥이》
(1913), 시집《누이, 나의 삶》(1922), 산문《안전 통행증》(1931), 소설《닥터 지바
고》(1957) 등이 있다.

영문판《닥터 지바고》.
1958년 '노벨문학상 수상작'
이라는 글씨가 선명하다.

| 작품 소개 |

닥터 지바고 Doctor Zhivago

소설 《닥터 지바고》에서 주목할 만한 내용은 '혁명'의 의미이다. 작가 파스테르나크의 분신이자 자아라고 할 수 있는 주인공 유리 지바고. 그는 러시아의 역사를 송두리째 뒤흔들고 바꿔 놓은 '볼셰비키 혁명'에 대하여 긍정과 부정이라는 이중적 판단의 갈등을 겪는다. 혁명의 이론인 '사회주의'의 본질에 대해서는 유리 지바고도 긍정적으로 공감하고 있다. 모든 인민은 평등하며 생산수단을 통하여 얻은 공동체의 재화를 공평하게 나눠 갖는다는 것이 19세기 마르크스와 엥겔스가 제시한 '사회주의'의 핵심적 내용이기 때문이다. 그러나 유리 지바고는 공산당의 정치가 '평등'과 '나눔'이라는 혁명의 본질에서 크게 벗어났다고 판단하였다. 그는 이러한 모순적인 정치의 길을 걸어가는 공산당을 향해 부정의 활시위를 당기고 비판의 화살을 쏜다. 지바고는 '인간다움'을 갈망하는 양심적인 지식인이기 때문이다. 《닥터 지바고》는 주인공 유리 지바고의 고뇌와 정신적 투쟁을 통하여 인간의 사랑과 자유와 인간성을 지켜 내는 '휴머니즘'의 보루가 되었다.

(참고본: 《닥터 지바고》, 보리스 파스테르나크 지음, 김재경 옮김, 혜원출판사)

1
인간성과 사랑과
자유의 삼중주

노벨문학상을 거부한 파스테르나크

"나는 늘 외롭고 모든 것은 위선에 빠져 있습니다. 인생을 산다
는 것은 평탄한 들판을 가로지르는 것과는 다를 것입니다."

- '유리 지바고의 시' 중 〈햄릿〉 부분

"위선"과 탐욕에 빠진 공산당 간부들에게 억압당하고 착취당하
는 소련의 인민들. 그들을 고통의 멍에로부터 벗어나도록 도와주기
위해서는 "평탄한 들판을 가로지르는" 인생의 길이 아니라 지도층
의 "위선"을 고발하고 비판하는 가파른 길을 선택해야 한다는 지바
고의 의지가 느껴집니다. 그의 의지는 곧 작가 파스테르나크의 사
명이기도 합니다. 이런 내용이 담겨 있기 때문일까요? 소련(소비에

트 연방)의 공산당 정부와 작가동맹은《닥터 지바고》속에 '볼셰비키 혁명'을 비판하는 내용이 포함되어 있다고 노골적으로 반감을 표시했습니다. 파스테르나크는 영예로운 상을 받고 싶었지만 소련 정부와 작가동맹의 압박에 못 이겨 '노벨문학상' 수상을 어쩔 수 없이 거부하고 말았습니다.

《닥터 지바고》에서 발견하는 휴머니즘의 가치

스웨덴의 '한림원'으로 가서 노벨문학상을 직접 수여받지 못한 것은 안타까운 일이지만, 그가 수상자로 기록된 것만큼은 역사적 사실로 남아 있습니다. 그러나 노벨문학상보다 더욱 중요한 가치를《닥터 지바고》에서 발견할 수 있습니다. 자유를 빼앗기는 땅에서 자유를 되찾고, 사랑이 죽어 가는 땅에서 사랑을 살려 내고, 인간성을 억압당하는 땅에서 인간성을 옹호하는 길을 이 소설이 열어 주고 있습니다. 바로 이것이 소설《닥터 지바고》가 불후의 명작이 될 수 있는 '가치'가 아닐까요? 아마도 파스테르나크에게 노벨문학상이 수여된 것도 이러한 휴머니즘의 가치가 빛을 발하기 때문일 겁니다.

비인간적 정치에 맞서는 유리 지바고

《닥터 지바고》는 문학, 영화, 음악이라는 예술의 세 분야가 트리오처럼 아름다운 미학의 합주를 들려주는 언어의 예술작품입니다. 특히 이 소설은 세계적 배우 오마 샤리프 주연의 영화로 만들어지며 더욱 유명해졌습니다. 결과적으로는 영화가 소설을 전파하는 전도사 역할을 맡은 것입니다. 러시아의 광활한 대지를 배경으로 펼쳐지는 서사적 풍경과 '사랑'에 대한 서정적 묘사가 하모니를 이루는 소설《닥터 지바고》. 이 문학작품의 이야기는 1917년에 발발한 러시아의 '볼셰비키 혁명'과 그 이후 혁명세력이 변질되어 가는 상황을 역사적 배경으로 전개됩니다. '사회주의'라는 이데올로기를 민중을 지배하는 정치적 도구로 악용하는 소비에트 연방 정부의 독재 정치! 조지 오웰George Orwell의 소설《동물농장》에서도 우화적 비유를 통해 비판을 받았던 역사적 사실입니다. 이 비인간적 정치에 맞서 '인간성'을 지켜 내기 위해 치열하게 고뇌하고 투쟁하는 지식인 '유리 지바고'의 인간다운 모습이 독자의 가슴을 뭉클하게 합니다.

"누구나 권력의 높은 자리에 있는 사람들은 자신이 결코 잘못을 저지를 리 없다는 신화를 만들려고 진실을 회피하기에 급급합니다. 그러니까 나는 정치에는 조금도 매력을 느끼지 못합니다. 진리를 외면하는 사람들을 좋아하지 않으니까요."

－《닥터 지바고》(보리스 파스테르나크 지음, 김재경 옮김, 혜원출판사) 중에서

유리 지바고는 소련 공산당의 지도자들이 "권력"을 통해 민중을

지배하고 억압하고 착취하는 "잘못"을 버젓이 저지르고 있다고 비판합니다. 그것이 민중의 불행한 삶에서 분명하게 드러나고 있는데도 애써 그들의 과오를 숨기거나 "회피"하기 위하여 진실을 조작하고 왜곡하는 데 앞장선다는 것입니다. 1917년 10월 볼셰비키 혁명이 성공을 거두어 전제군주제가 무너지고 '사회주의' 체제의 국가가 수립되었지만 그 후 권력의 지휘봉을 잡은 스탈린 휘하의 소비에트 연방 정부는 사회주의의 본질과는 너무나 동떨어진 정치의 길을 걸어왔습니다.

'사유재산제'가 폐지된 사회주의 공동체

그렇다면 19세기에 카를 마르크스와 프리드리히 엥겔스의 사상에서 생겨난 '사회주의'란 어떤 내용을 담고 있을까요? 모든 권력은 인민에게서 나오기 때문에 인민은 권력을 공유합니다. 인민은 '계급'이라는 것이 없는 평등한 사회에서 살아갑니다. 물품을 만드는 '생산수단'인 공장과 기계 등을 소수의 자본가가 독점하지 못합니다. 그것을 용납하지 않고 생산수단을 모든

스탈린(Joseph Stalin, 1879~1953). 본명은 '이오세브 베사리오니스 제 주가슈빌리'. 소비에트 연방의 서기장으로 무소불위의 독재권력을 휘둘러 국가의 정치체제인 '사회주의'를 무색하게 만든 독재자이다.

인민이 공유합니다. 생산수단에 의해 제조한 물품과 함께 그 물품을 판매하여 얻은 수익, 즉 공동체의 모든 재화와 재산을 모든 인민이 공동으로 관리하면서 노동에 따라 공평하게 분배합니다. 그러므로 사회주의 공동체 안에서는 개인이 재산을 소유하는 '사유재산제'가 폐지됩니다. 토머스 모어가 《유토피아》에서 보여 준 가상의 섬나라 '유토피아' 공동체를 움직이는 원리와 많이 닮지 않았나요?

지배의 도구로 악용된 사회주의

요약해서 말한다면 '사회주의'의 본질은 평등과 나눔입니다. '평등'이라는 정치의 원칙과 '나눔'이라는 경제의 원칙이 연합하여 사회주의 공동체를 세우는 것입니다. 그런데 유리 지바고의 눈에 비친 소련의 사회주의 정부는 오히려 사회주의를 배반하는 길을 걷고 있었습니다. 스탈린과 그를 받드는 공산당 간부들이 소련의 인민에게 행한 것은 평등과 나눔이 아니라 지배, 수탈, 착취였습니다. 이러한 반사회주의적 정치의 모습은 조지 오웰의 소설 《동물농장》에서 농장의 모든 동물이 우두머리 돼지인 '나폴레옹'과 그의 부하 돼지들에게 압제를 당하는 이야기로 패러디되었습니다. 조지 오웰은 이 소설에서 '사회주의'를 민중을 지배하기 위한 정치적 명분으로만 활용하는 정치의 넌센스를 비판하고 있습니다. 사회주의의 내용인 평등과 나눔은 사라지고 '사회주의'라는 형식만 지배의 도구로 악용되었으니까요. 작가로부터 비판을 받는 것은 당연한 현상이 아닐까요? 이데올로기의 알맹이는 썩고 이데올로기의 껍데기만 남은 것입니다. 정치가들이 국민을 정치의 목적으로 삼는다면 그들이 표방하는 이데올로기는 알맹이가 있는 것이지만, 국민을 정치의 수단으로 이용한다면 그 이데올로기는 껍데기에 불과하다고 말할 수 있습니다. 신동엽의 시 〈껍데기는 가라〉의 외침이 들려오는 듯합니다.

"사월四月도 알맹이만 남고 껍데기는 가라!"[57]

2
인간다운
정치의 길

국민을 "섬기는" 것이 국가의 존재 이유

독일의 작가이자 사상가인 프리드리히 실러Friedrich Schiller는 '리쿠르고스와 솔론의 입법'에 관한 이야기를 펼치면서 다음과 같이 올바른 정치의 길을 제시하였습니다.

"국가 자체도 수단이 되어 섬겨야 할 최선의 가치가 있다. 그 최선의 가치를 위해서만 모든 것은 희생되어야만 한다. 그러나 그 최선의 가치가 희생되어서는 안 된다. 국가 자체는 목적이 아니다. 국가는 인간성이 갖는 목적이 실현될 수 있는 조건을 만들어준다는 의미에서만 중요할 뿐이다. 이러한 인간성이 갖는 목적이란 인간이 가질 수 있는 모든 힘을 길러주는 것과 발전시켜 주는 것이다."

– 잉게 숄,《아무도 미워하지 않는 자의 죽음》, 송용구 옮김, 평단, 2012, P.74~75

실러에게 가장 큰 영향을 준 사상가는 칸트Immanuel Kant입니다. 두 사람 모두 독일 국민이고 18세기 근대 문명의 태동을 경험했던 선배와 후배였기 때문에 영향을 주고 받는 것은 매우 자연스러운 일이었습니다. 인간에게는 '존엄성'이 있기 때문에 '목적을 위한 수단'으로 인간을 이용해서는 안되며 인간을 '목적 그 자체'로 존중해야 한다는 칸트의 사상! 이러한 인간존중의 사상은 실러의 정치철학을 세워가는 토대가 되었습니다. 인간은 '수단이 아닌 목적'으로 존중 받아야 할 존재라면 '정치'의 관점으로 바라볼 때에 국민은 정치의 수단이 아니라 정치의 목적이라고 말할 수 있지 않을까요? 미국의 제16대 대통령 에이브러햄 링컨Abraham Lincoln의 게티즈버그 연설의 핵심이 떠오릅니다. "국민의, 국민에 의한, 국민을 위한 정부"라는 말을 들어보셨죠? 링컨의 말이 시사하듯이 국민은 정부와 국가를 위해 존재하는 '정치'의 수단이 아닙니다. 국민은 정치가들의 권력을 지탱해주는 도구도 아닙니다. 정부는 국민이 만든 국민의 대표 기관이며 권력은 국민의 자유와 인권을 신장시키는 정치적 도구일 뿐입니다.

실러의 주장에 따르면 국민의 공동체가 "국가"이므로 국가는 국민을 위해 존재해야 하며 국민을 "섬기는" 것이 국가의 존재 이유라는 것입니다. 정부와 공공기관 등 국가의 모든 조직은 국민을 섬기는 일에 "최선의 가치"를 두어야 한다는 것입니다. 8장 《자유론》 이야기'와 9장 '《자유로부터의 도피》 이야기'에서 '헌법'의 가치를 언급하면서 강조하였듯이 공화국의 주권은 국민에게 있으며 국가의 모든 권력은 국민으로부터 나오기 때문입니다. 사회주의 체제의 토대 위에 세워진 국가도 마찬가지입니다. 지상의 모든 사회주의 국가들은 '인민 공화국'이라는 국호를 채택하고 있습니다. 인민과 국민이 다르지 않다는 것을 인정한다면 체제의 차이를 초월하여 지상의 모든 정치가들은 정치의 "목적"을 어디에 두어야 할까요? 국민의 자유, 국민의 인권, 국민의 평등, 국민의 복지, 국민의 "발전"을 정치의 목적으로 삼아야 하지 않을까요?

프리드리히 실러(Friedrich Schiller, 1759~1805). 괴테와 함께 독일의 '질풍노도' 문학과 '고전주의' 문학을 발전시킨 대문호였다. 칸트의 철학에 토대를 둔 정치사상과 미학이론으로 유명하다.

잘못된 길로 접어든 비인간적 정치

정치가의 모든 권력은 국민에게서 위탁받고 일임받은 것이기에 권력을 국민을 위한 '수단'으로 **선용**善用해야 하지 않을까요? 특히 러시아의 전제군주제를 무너뜨리고 사회주의 체제로 수립된 소련의 정치 상황에서는 스탈린을 비롯한 소비에트 연방 정부의 지도자들이 '사회주의'의 알맹이인 인민의 평등과 나눔을 실현하는 일에 정치의 목적을 두었어야만 합니다. 이 일을 제대로

선용 선한 뜻으로 좋은 일에 사용한다는 것을 의미한다.

이루기 위하여 모든 인민에게서 일임받은 권력을 선한 수단으로 사용했어야만 합니다. 그것이 인간다운 정치의 길을 걸어가는 정치가의 발걸음이 아닐까요? 그러나 그들은 '인간다움'과는 거리가 먼 독재의 길을 선택하였습니다.

인간성에 대한 절망감에 휩싸인 유리 지바고

잘못된 길로 접어든 비인간적 정치는《닥터 지바고》의 주인공 유리 지바고로부터 날아오는 비판의 화살을 피할 수 없었습니다. 소비에트 연방 정부의 비인간적 정치는 유리 지바고로 하여금 '인간'이란 존재에 대하여 스스로 질문을 던지게 만드는 동기가 됩니다. 국민과 민중을 지배하는 도구로써 이데올로기를 악용하고 있는 사이비 정치가들에게 수많은 지식인들이 협조하는 모습을 지켜 보면서 유리 지바고는 정치뿐만 아니라 '지식'이란 것도 '인간다움'의 길을 벗어났다고 생각합니다. 소련의 모든 인민이 정신적 아버지로 받드는 마르크스 선생의 가르침과는 거의 결별한 것이 아닐까 하는 의구심이 들 정도로 '사회주의'를 배반하는 정치가들! 그런데 그들에게 혹독하게 지배당하면서도 '자동인형'으로 복종의 길을 걸어가는 인민들 또한 유리 지바고의 눈에는 '인간다움'의 길을 포기한 '자동기계'처럼 보일 뿐입니다. 지바고는 자신의 신념으로 간직해 왔던 인간성에 대한 절망감에 휩싸인 채 다음과 같이 스스로에게 질문합니다.

"어떻게 무엇을 위하여 살 것인가? 어떤 방법으로 생각하고 어떻게 사는 것이 값진 인생이 될 것인가?"

– 보리스 파스테르나크가 1956년에 쓴 자서전 형식의 글 중에서

헌신적인 사랑의 자유로 피어나는 값진 인생

지바고의 눈에 비친 정치가들은 인민의 대표자임에도 불구하고 인민을 '위하여 사는' 것이 아니라 권력과 부를 '위하여 사는' 것으로 보일 뿐입니다. '평등'이라는 정치의 원칙과 '분배'라는 경제의 원칙이 지켜지지 않음에도 불구하고 인민들은 지배자들에 대한 종교적 신앙을 위하여 사는 것만 같습니다. 소련의 정치가들과 인민들, 둘 다 '값진 인생'에 대하여 진지한 생각이 실종된 사람으로 지바고의 노트에 새겨집니다. 그렇다면 지바고는 어떤 인생을 '값진 인생'이라고 믿고 있는 걸까요? 지바고와 라라의 사랑이 보여 주듯이 내면 깊은 곳에서 솟아오르는 감정의 물결을 거스르지 않고 진실한 마음으로 연인을 향한 사랑의 정열을 불사르는 것입니다.

상대방이 소중하다는 확신의 빛에 이끌린다면 이념과 신분과 조건의 장벽을 뛰어넘어 헌신적으로 상대방을 사랑하는 자유! 이 자유를 권력과 물질보다 더 중요하게 생각하면서 사랑을 지켜 내기 위해 최선을 다하려는 의지와 노력! 더 나아가서는 억압받는 소련의 모든 인민뿐만 아니라 존엄성과 인격을 갖고 있는 세계의 모든 인간을 품어 안는 형제애와 인류애! 이러한 박애博愛의 백합과 에

로스의 장미가 한데 어우러져 만발하게 피어난 '자유'의 꽃길을 걸어가는 것이 값진 인생이 아닐까요? 그 인생은 소설《닥터 지바고》가 우리에게 남긴 유산이라는 생각이 듭니다.

창작에 몰두하고 있는 보리스 파스테르나크의 모습이다. 컴퓨터가 없었던 시대의 창작이란 만년필, 연필, 펜 등으로 이루어지는 법이다. 앞에 놓인 잉크가 인상적이다.

역사는 이야기라고 한다. 사람들이 생각하고 말하고 결정을 내리는
그 언어를 이해하지 않고서는 역사를 이해할 수 없다는 뜻이다.

– 에릭 홉스봄(Eric Hobsbawm)

11장

"역사란 현재와 과거 사이의
끊임없는 대화다."

———

랑케의 실증주의 역사학을 비판한
에드워드 핼릿 카의《역사란 무엇인가》

에드워드 핼릿 카(Edward Hallett Carr, 1892~1982)
영국 런던 태생의 역사학자이자 정치학자. 케임브리지 대학교의 트리니티 칼리지
를 졸업했다. 1916년부터 20년 동안 영국 정보부의 외교부장으로 활동하면서 전
공 분야인 '국제정치학'을 영국 정부의 '외교' 실무에 반영하는 능력을 발휘했다.
1936년부터 1947년까지 웨일스 대학교의 교수로서 '국제정치학'을 강의하였으
며 1953년 옥스퍼드 대학교에서 정치학을, 1955년 모교인 케임브리지 대학교
의 트리니티 칼리지에서 역사학을 강의하면서 학문과 교육에도 열정을 쏟았다. 웨
일스 대학교 교수 시절에 1941년부터 1946년까지 《런던 타임스》지의 부주필을
겸직하면서 저널리스트로서 활동하였고, 탁월한 외교 능력과 국제정치의 감각을
인정받아서 1948년 UN의 '세계인권선언' 기초위원회 위원장을 맡기도 했다. 대
표 저서로는 《역사란 무엇인가》(1961), 《소비에트 러시아사A History of Soviet
Russia》(1958), 《20년의 위기》(1939) 등이 있다.

| 작품 소개 |

역사란 무엇인가 What is History?

케임브리지 대학교의 트리니티 칼리지에서 1961년부터 연속으로 진행했던 카의 역사학 강의 내용을 엮어서 재구성한 책이다. 책 속에 담겨 있는 강의 내용은 영국 BBC 방송을 통해 일반 대중에게도 방영되었다. 이 책의 테마이면서 책의 문장들 중 가장 유명한 말이 있다. "역사란 현재와 과거 사이의 끊임없는 대화"라는 명언이다. 역사에 대해 관심 있는 사람이라면 한 번쯤은 들어 보았을 것이다. '역사'에 관한 토론회와 강연회에서 수많은 학자들이 자주 인용하는 말이기도 하다. 이 말이 대중에게 널리 알려져 있기 때문인지 '역사학' 공부를 시작하는 역사학도들에게 이 책은 역사관과 역사의식의 중요성을 일깨워 주었다. 이 책이 갖는 역사학적 가치는 무엇일까? "역사의 서술은 사실을 있는 그대로 서술하는 것"이라고 말했던 독일의 역사학자 랑케(Leopold von Ranke)의 실증주의적 역사관을 비판하면서, '현재적' 가치관을 통하여 과거의 사실(史實)을 해석하고, 그 내용을 토대로 미래를 향한 비전을 제시하는 것이 역사학자의 역할임을 강조했다는 점이다. 《역사란 무엇인가》가 지금까지도 역사학의 입문서이자 교과서로 사랑받고 있는 이유가 여기에 있다.

(참고본: 《역사란 무엇인가》, 에드워드 핼릿 카 지음, 권오석 옮김, 홍신문화사)

1
교훈과 비전을
생산하는 역사가

역사는 끊임없이 움직이며 진보하는 과정

에드워드 헬릿 카는 역사를 "끊임없이 움직이며 진보하는 과정"으로 보았습니다. 그는 역사의 진보에 대한 확신을 가졌습니다. 카의 역사관은 18세기 계몽사상가들이 제시한 진보사관進步史觀의 전통을 계승하고 있기 때문입니다. 전근대적 사회를 근대 사회로 변혁시킨 사건을 '프랑스 대혁명'과 '산업혁명'으로 보고 있는 것에서도 카의 진보사관을 확인할 수 있습니다. 그러나 카는 '유토피아'를 향해 기계적으로 상승하기만 하는 직선적 '발전'의 그래프를 신뢰하지는 않았습니다. 때로는 정체하기도 하고, 퇴보하기도 하며, 반복과 순환 과정을 거치면서도 세기라는 큰 틀에서 볼 때는 이전의 시대보다 더 나은 시대로 나아가는 점진적 발전의 곡선을 믿었던 것입니다.[58]

역사가의 해석이 실종된 편협한 역사학의 산물

《역사란 무엇인가》는 '역사학'이라는 분야를 학문의 틀 안에만 갇혀 있는 역사학자들의 전유물이 아니라 대중과의 소통의 마당으로 변화시킨 책입니다.《역사란 무엇인가》의 내용을 알기 쉽게 풀이한 강연 시리즈가 영국 BBC 방송을 통해 대중에게 방영된 사실에서도 역사학을 학문의 상아탑 안에 가두지 않고 대중과 호흡할 수 있는 분야로 확대하려는 에드워드 핼릿 카의 생각을 알 수 있습니다. 카는 정부 공무원으로 20년 간 쌓아 왔던 외교 실무 경험과 저널리스트 활동에서 얻은 풍부한 사례들을 제시하면서 어렵지 않게 이야기를 풀어 나갑니다. 1장 '역사가와 사실'에서 카는 19세기 역사학의 주류를 이룬 실증주의적 역사관을 비판하고 있습니다. 대표적인 실증주의 역사학자 레오폴드 폰 랑케Leop-

레오폴드 폰 랑케(Leopold von Ranke, 1795~1886). 사건을 사실 그대로 서술하는 '실증주의' 방법론을 통하여 근대 역사학을 확립한 독일의 역사가이다.

old von Ranke는 "도덕주의적 역사에 대해서 정당한 항의를 시도하고, 오직 틀림없는 사실을 보여 주는 것"[59]이 역사가의 임무일 뿐이라고 말했습니다. 그런데 카는 이러한 랑케의 견해를 비판하면서 새로운 역사관을 제시하였습니다.

'틀림없는 사실'만을 기록하는 것은 역사가의 시각과 해석이 실종된 편협한 역사학의 산물이라고 카는 비판했습니다. 그 비판의 목소리를 직접 들어 볼까요?

"3세대에 걸쳐서 독일, 영국, 아니 프랑스의 역사가들까지도 (랑케가 말했던) '틀림없는 사실'이라는 마법의 말을 주문처럼 외우면서 진군했다. 이 주문도 대부분의 주문과 마찬가지로 역사가들로 하여금 혼자서 생각하는 귀찮은 의무에서 벗어나도록 하기 위해 만들어진 것이었다."

– 에드워드 핼릿 카, 《역사란 무엇인가》, 권오석 옮김, 홍신문화사, 1988, p.7

역사가는 사실에 시대적 관점을 반영하는 사람

과거의 역사적 사실은 역사가의 사료史料로 채택됩니다. 역사를 서술하는 재료가 되는 것입니다. 그러나 역사가는 과거의 사실을 있는 그대로 기록하는 사람이 아니라, 자신이 살고 있는 당대의 "시대적 관점"에 의해 다시 한 번 해석하고 평가하는 사람입니다. 틀림없는 사실 속에 "시대적 관점을 반영하는" 사람이 곧 역사가임을 카는 다음과 같이 말하고 있네요.

"'역사란 무엇인가?'라는 문제에 대해서 답하려고 할 때 우리의 대답은 의식적이건 무의식적이건 우리의 시대적 관점을 반영하고, 또 그 대답은 우리가 현재 생활을 영위하고 있는 사회를 어떻게 보느냐 하는 더 광범위한 문제에 대한 우리의 대답의 한 부분을 형성하는 것이다."

– 에드워드 핼릿 카, 《역사란 무엇인가》, 권오석 옮김, 홍신문화사, 1988, p.8

카가 바라보는 과거의 사실은 역사가에 의해 '해석'과 '평가'라는 제조 과정을 거쳐 새로운 교훈과 비전을 생산하는 재료가 됩니다. 그런데 랑케의 말과 같이 역사가의 임무가 "틀림없는 사실을 보여 주는 것뿐"이라고 한다면 역사가는 "생각하는 의무"를 저버리고 자신의 임무를 제대로 수행하지 못한 사람에 불과하다는 것이 카의 주장입니다. 재료를 모아 놓기만 하고 그 재료를 가지고 물품을 제조하지 않는 제조업자와 같다는 것입니다. 재료를 작업대 위에 쌓아놓기만 하고 손을 움직이기를 "귀찮아" 하는 제조업자처럼 과거의 사실을 있는

에드워드 핼릿 카의 또 다른 역사학 명저 《20년의 위기》. 사실만을 기록하는 데 그치지 않고 역사학자의 해석과 비평이 돋보이는 책이다. 카의 역사관을 실증하고 있다.

그대로 기록만 하는 역사학자는 "생각하는 것을 귀찮아 하는" 태만한 역사학자라는 것이 카의 생각입니다. 카의 견해에 따르면 역사학의 가치가 충분한 역사책은 과거의 사실을 있는 그대로 모사摹寫하는 책이 아닙니다. "우리가 현재의 생활을 영위하고 있는 사회"의 현재적現在的 가치관을 과거의 사실 속으로 투영하여, 사실 속에서 새로운 의미들을 찾아내고 의미들을 재구성함으로써, '현재'의 사회를 보나 나은 미래의 사회로 발전시킬 수 있는 교훈과 이상을 창조하는 책! 그것이 카가 확신하는 참다운 역사책입니다.

사실의 정확한 기록은 역사가의 의무일 뿐 미덕이 아니다

1장의 제목 '역사가와 사실'은 우리에게 많은 것을 시사해 줍니다. 랑케에 의해 역사학의 중심이자 정설로 굳어졌던 실증주의 역사학은 단지 지나간 사실과 사건을 정밀하게 모아서 붙여 놓은 집합 덩어리에 불과하다는 것이 카의 생각입니다. 그러나 오해는 하지 마세요. 사실과 사건 속에 역사학적 가치가 없다는 것이 아닙니다. 인류가 관심을 갖는 과거의 크고 작은 사실들을 왜곡하거나 호도하지 않고 정확하게 기록하는 것은 역사가의 의무입니다. 카도 역사가이기 때문에 이 점에 대해서는 동의합니다. 그러나 역사가의 역할은 '정확한 기록'의 의무에만 머물러서는 안 된다는 것이 카의 반론입니다. 그는 영국의 시인 하우스먼A. E. Housman의 말을 인용하여 사실과 사건이 갖고 있는 사료의 "정확은 의무일 뿐 미덕이 아니다"[60]라고 강조합니다. 카는 모든 역사가에게 '정확한' 기록자의 역할을 뛰어넘는 소명을 요구합니다. 그 소명이란 무엇일까요? 《역사란 무엇인가》를 세계인들의 뇌리에 각인시킨 카의 명언 "현재와 과거 사이의 끊임없는 대화"에서 역사가의 소명을 찾아볼까요?

> "역사가는 현재의 일부이고, 사실은 과거에 속하므로, 이 (역사가와 사실의) 상호작용은 또한 현재와 과거의 상호관계를 포함하고 있다. 역사가와 역사상의 사실은 서로가 필요한 것이다. 사실을 소유하지 못한 역사가는 뿌리도 없고 열매도 맺지 않는다. 역사가가 없는 사실은 생명도 없고 의미도 없다. 여기서 '역사란 무엇인가?'에 대한 나의 최초의 대답을 하기로 한다. 역사란 역사가와 사실 사이의 부단한 상호작용의 과정이며, 현재와 과거 사이의 끊임없는 대화이다."
>
> – 에드워드 핼릿 카, 《역사란 무엇인가》, 권오석 옮김, 홍신문화사, 1988, p.35

"현재와 과거"가 "끊임없이 대화"를 나눈다는 말의 의미를 이해해볼까요? 이 대화를 카는 "역사가와 사실 사이의 부단한 상호작용"이라고 설명합니다. 현재의 시대와 사회 속에서 살아가는 역사가가 과거의 "사실"과 끊임없이 관계를 맺고 사실에 대해 말을 걸어 질문을 던지며 사실의 입으로부터 우리 모두가 알아야 할 교훈을 들어본다는 것입니다. 그러므로 역사가는 과거의 사실에 집착하는 사람이 아닙니다. 과거의 사실을 기록하는 일에만 매달려 있는 사람도 아닙니다. 역사가는 서기書記가 아니니까요.

역사가의 참다운 시대정신

'시대정신時代精神'이라는 개념을 들어 보셨나요? 역사가는 시대정신에 의해 과거의 사실을 해석하고 평가하는 사람입니다. 사전에서는 '한 시대의 사회 전체를 지배하는 정신'이라고 설명됩니다. 그러나 객관성과 정당성을 갖추지 못한 시대정신도 있습니다. 예를 들

어 아돌프 히틀러Adolf Hitler와 나치Nazi가 독일 국민들의 의식 속에 세뇌시켰던 '국가사회주의' 혹은 나치즘은 1933년부터 1945년까지 독일의 사회 전체를 지배한 시대정신이었습니다. 그러나 이것은 객관성과 정당성을 상실한 '지배 이데올로기'에 불과했습니다. 진정한 시대정신은 역사의 발전에 기여할 수 있는 '정신'이며 인간을 인간답게 살도록 이끄는 휴머니즘의 가치관을 가진

에드워드 핼릿 카의 역사학 강의가 펼쳐진 케임브리지 대학교의 트리니티 칼리지. 이곳에서 1961년부터 연속으로 진행했던 강의 내용들을 편집하여 《역사란 무엇인가》를 출간하였다.

정신입니다. 역사가가 과거의 사실을 해석하고 평가하기 위해 가
져야 할 '시대정신'은 바로 이것입니다. 당대의 사회 전체를 지배
하면서도 인간다운 가치관을 배반하지 않는 '정신'입니다. 역사가
는 이러한 참다운 시대정신에 의해 과거의 사실을 해석하고 비평
해야만 합니다.

2
역사가는
조리사이자 농부

'사실'이라는 재료와 '해석과 비평'이라는 조리 방식

사실보다 더 중요한 것이 사실에 대한 해석과 비평입니다. "역사가가 없는 사실은 생명도 없고 의미도 없다"는 카의 말은, 과거의 사실이 역사가의 해석과 비평 속으로 들어올 때 역사학적 가치와 의미를 갖게 된다는 것을 뜻합니다. 이 '해석과 비평'이라는 과정을 통하여 역사가는 "현재 사회"를 보다 나은 미래의 사회로 변화시키는 데 필요한 '교훈'을 발견합니다. 역사가는 그 교훈을 "현재 사회"의 사람들에게 전해 줌으로써 역사를 발전시킬 수 있는 긍정적 전망의 불빛을 사회 전체를 향해 비추어 줍니다. 과거의 사실을 포착하기 → 사실을 해석하고 비평하기 → 사실 속에서 역사학적 가치와 의미를 갖는 교훈 발견하기 → 교훈을 통하여 미래 지향적 비전을 제시하기! 이러한 연속적 과정을 카는 생선의 조리 과정으로 표현합니다. 이제는 카의 탁월한 문학적 비유 속에서 역사가의 역할과 소명을 읽어 볼까요?

> "생선을 생선 가게에서 살 수 있는 것처럼 역사가들은 문서나 비문(碑文) 속에서 사실을 얻을 수 있다. 역사가는 사실을 얻어 집에 가지고 가서 조리하여 자기가 좋아하는 방식으로 식탁에 내놓는 것이다."
>
> – 에드워드 핼릿 카,《역사란 무엇인가》, 권오석 옮김, 홍신문화사, 1988, p.8

카는 역사가를 조리사에 비유합니다. '역사가'라는 조리사가 만드는 음식은 무엇일까요? 그 음식을 "식탁에 내놓는" 단계까지의 "조리" 과정에 주목해 볼까요? 조리사가 선택한 음식 재료는 "생선 가게"에서 구입한 "생선"입니다. 카는 그것을 "문서나 비문碑文"에서 얻어 온 "사실"이라고 말합니다. 생선이 조리사의 손이 닿지 않은 자연 상태의 '날 것'으로 존재하듯이 과거의 사실 또한 역사가의 판단과 생각이 개입되지 않은 상태로 남아 있습니다. 조리사는 가공하기 이전의 생선을 나름대로의 "방식"으로 조리합니다. 그렇다면 역사가가 선택하는 조리 방식은 무엇일까요? 그것은 "현재 사회"를 살아가는 동시대인들이 공유할 수 있는 인간다운 가치관을 통하여 과거의 사실을 해석하고 비평하는 것입니다.

'역사가'라는 조리사는 과거의 사실을 시대정신에 의해 객관적

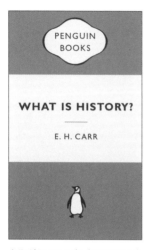

'팽귄(Penguin)' 출판사에서 출간된 영문판 《역사란 무엇인가》

으로 분석합니다. 그는 사실 속에서 새로운 의미와 가치를 찾아 냅니다. 이러한 역사학적 조리 과정을 통하여 역사가가 현대인들의 "식탁에 내놓는" 훈제 생선은 무엇일까요? 시대의 차이를 초월하고 문화권의 장벽을 뛰어넘어 어느 시대, 어떤 문화권에서 살아가는 사람일지라도 오늘의 사회보다 더 나은 내일의 사회를 건설하는 데 도움을 줄 수 있는 교훈과 비전! 바로 이것이 '역사가'라는 조리사가 '날 것'의 사실을 음식 재료로 선택하여 '해석과 비평'이라는 조리 방식으로 만들어 낸 훈제 생선입니다. 역사가의 궁극적 역할은 바로 이 '교훈과 비전'이라는 훈제 생선을 동시대인들의 "식탁"과 다름없는 삶의 현장에 제공하는 것이 아닐까요?

조리하지 않은 식재료를 손님에게 내 놓은 조리사

그렇다면 하나의 상황을 가정해 보겠습니다. 생선을 조리하지 않고 '날 것'의 상태로 식탁에 내 놓는 것입니다. 식탁에 앉은 손님들이 그 생선을 음식으로 인정하고 먹을 수 있을까요? 구석기 시대의 사람들도 생선을 불에 구워서 먹었는데 하물며 근대 이후의 문명인들이 어떻게 '날 것'의 생선을 섭취할 수 있겠습니까? 그것을 먹

으라고 손님들에게 권한다면 대부분 의자를 박차고 나가며 불쾌감을 표할 거예요.

역사책을 읽는 독자들을 식당의 손님들에 비유할 수 있겠지요? 어느 역사가의 역사학 책을 읽은 지 10분도 흐르지 않았는데 다음과 같이 투덜거리는 독자를 상상해 볼까요? "아니 이걸 역사책이라고 말할 수 있을까? 이건 기록물이나 자료집이지 역사책이 아니야."

왜 이런 반응이 나오는 걸까요? 역사가는 도대체 어떻게 책을 썼길래 그 책이 자료집이나 기록물에 불과하다는 혹평을 받는 걸까요? 과거의 사실을 확인하고 모아 놓은 다음에 문장으로 엮어 놓기만 했기 때문입니다. 카의 시각으로 바라본다면 이 '자료집'에 불과한 역사책을 쓴 역사가는 단지 "확인된 사실을 집성(모아 놓기)"[61]하는 것으로 자신의 임무를 다한 것입니다. 카의 문학적 비유를 다시 빌려서 표현한다면 사실들을 모아서 연결만 시켜 놓은 역사가는 '날 것'의 생선을 손님의 식탁에 그대로 올려놓은 다음에 그것을 먹어 주기를 기다리는 조리사와 무엇이 다를까요? 독일의 랑케, 영국의 액턴Acton과 같은 실증주의 역사가들은 생선을 조리하지 않고 '날 것'의 상태로 식탁에 내 놓은 조리사와 다를 바 없다는 것이 카의 견해입니다. 카는 역사를 "과일"에 비유하기도 했습니다.

역사를 발전시킬 수 있다는 역사가의 소망

"과일은 과육 부분이 굳은 핵심보다 쓸모 있는 것이다."

– 에드워드 핼릿 카,《역사란 무엇인가》, 권오석 옮김, 홍신문화사, 1988, p.9

생선과 그것의 조리 과정이라는 '은유'가 이번에는 과일로 이동합니다. 역사가의 형상은 조리사에서 농부로 변화합니다. 비유가 다양하네요. 문학적 재능이 카의 역사 서술에 중요한 에너지로 작용합니다. 과일의 구조를 살펴볼까요? 과일은 씨앗 주머니인 "핵심"과 속살인 "과육果肉"으로 이루어져 있습니다. 역사책을 읽는 독자를 과일 가게에서 과일을 구매하는 소비자에 비유해 볼까요? 소비자가 과일을 구매하는 목적은 "과육"을 먹기 위한 것입니다. 과일을 재배하는 농부가 아니므로 소비자의 관심은 핵심이 아닌 과육으로 향합니다. 카는 과거의 사실을 "핵심"에 비유합니다. 그러나 역사책을 읽는 독자는 과육만 맛있게 먹으면 만족할 뿐입니다.

핵심이 쓸모 있다는 것은 잘 알고 있지만 소비자에게 더 "쓸모 있는 것"은 무엇일까요? 그것은 과육 아닐까요? 그렇습니다. 역사책을 펼친 독자에게는 과거의 사실 자체도 중요하지만, 그것보다 더 중요한 것은 역사가의 판단과 해석을 통해 독자에게 전해지는 교훈입니다. 과육 속에 농부의 땀과 눈물이 배어 있듯이 '교훈' 속에는 역사가의 소망이 담겨 있습니다. 그 소망은 "현재 사회"보다 더욱 인간다운 미래 사회로 역사를 발전시킬 수 있다고 믿는 '비전'입니다.

카의 말처럼 "현재와 과거 사이의 끊임없는 대화"가 역사라면 현재와 과거 사이의 대화를 맺어 주는 매개체는 누구일까요? 지금도 역사책을 읽고 있는 여러분이 아닐까요? 여러분은 '현재 사회' 속에서 살고 있으니까요. 과거의 사실을 거울 삼아 그 거울에 현재 사회의 문제점들을 비추어 반성하면서 개선해 나갈 주체는 바로 여러분입니다. **로버트 빈센트 다니엘스**Robert Vincent Daniels가 말한 것처

로버트 빈센트 다니엘스(Robert Vincent Daniels, 1926~2010) 역사 탐구의 창의적 정신을 강조한 미국의 역사학자이다.

럼 "역사를 연구하는 학생들은 직접 역사의 예술가가 되어 볼 필요가 있는"**62** 사람들입니다. 기록되는 것으로 끝나는 역사가 아니라 창조되는 역사의 중심에 바로 여러분이 서 있습니다.

로버트 빈센트 다니엘스 미국의 역사학자이자 교육자이다. 1956년부터 1988년까지 미국 버몬트 대학교의 교수로 재직했다.

단일한 미래는 존재하지 않는다. 미래가 갖고 있는
다원성, 개방성, 필연성을 동시에 봐야만 한다.
― 짐 데이터(Jim Dator)

12장

전문가와 경영자가 권력을
공유하는 미래 사회

'프랙토피아'의 비전을 제시하는
앨빈 토플러의《제3의 물결》

앨빈 토플러 (Alvin Toffler, 1928~2016)
뉴욕에서 출생한 미국의 저술가이자 미래학자. 뉴욕 대학교에서 영문학을 전공한
후에 5년 동안 공장 노동자로 일하면서 산업사회의 역동성을 체험하였고 노동자
와 경영자 간의 관계에 대해서도 실감할 수 있었다. 그 후에는 다년간 신문기자와
칼럼니스트로 활동하면서 정치와 경제와 사회의 연관성을 더욱 깊게 연구해 나갔
다. 이 연구는 칼럼니스트 활동 이후에 전개되는 그의 저술에 큰 도움을 주었다. 앨
빈 토플러는 경제, 경영, 기업, 테크놀로지, 컴퓨터, 통신 등을 다각도로 관련시키면
서 '기술'에 관한 연구와 저술을 병행하여 독보적인 '미래학'의 입지를 세울 수 있었
다. 대표 저서로는 《미래의 충격》(1970), 《제3의 물결》(1980), 《권력 이동Power
schift》(1990), 《전쟁 반전쟁》(1995), 《부의 미래》(2006) 등이 있다.

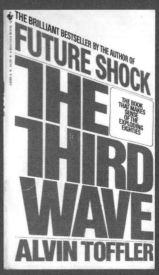

| 작품 소개 |

제3의 물결 The Third Wave

1980년에 발표된 앨빈 토플러의 대표 저서로 1970년에 출간된 《미래의 충격》과 함께 '미래학'의 지평을 열었던 책으로 평가받고 있다. "제3의 물결"은 토플러가 제

영문판 《제3의 물결》의 표지. 《미래의 충격》을 썼던 그 저자에 의해 저술된 '눈부신 베스트셀러!' 참으로 인상적인 카피이다.

시한 '물결 이론'을 나타내는 이론의 명칭이기도 하다. 이 책에서 토플러는 산업사회 이후의 정보혁명과 그 혁명에 의해 형성된 '정보사회'를 예견하고 있다. 단지 '예견'으로만 끝난 것이 아니다. 거대한 '정보 네트워크'라고 말할 수 있는 정보사회의 특징과 성격을 매우 자세히 설명하고 있는 것이 이 책의 장점이다. 이 책에서 빼놓을 수 없는 또 하나의 장점을 손꼽는다면 "제2의 물결"인 산업혁명에 의해 이루어진 산업사회가 어떤 폐단을 가져왔는지를 진단하고 비판하면서 그것을 극복할 수 있는 대안을 "제3의 물결"인 정보혁명에서 찾고 있다는 점이다. 산업사회의 특징인 대량화, 표준화, 중앙화, 집중화의 양상에서 나타나는 수직적 지배구조를 수평적 파트너십의 구조로 변화시켜 소통과 협력의 사회로 나아갈 수 있다는 가능성을 제시하고 있다.

(참고본:《제3의 물결》, 앨빈 토플러 지음, 원창엽 옮김, 홍신문화사)

1

떠나 보내야 할
'제2의 물결'

제1의 물결에서 제2의 물결로, 이제는 제3의 물결로

'미래학'의 지평을 열었던 미국의 앨빈 토플러.《파이낸셜 타임즈》가 "세계에서 가장 유명한 미래학자"로 보도할 정도로 그는 '미래학'의 대명사로 알려져 있습니다.《제3의 물결》은 인류의 미래에 대한 혜안을 밝혀 준 책입니다. 이 책을 읽으면 "제1의 물결"인 농업혁명에 의해 전통적 경제 구조를 형성한 농업사회가 "제2의 물결"인 산업혁명에 의해 어떻게 '자유 시장경제' 구조를 형성하는 산업사회로 전환되어 갔는지 그 과정을 잘 알 수 있습니다.

또한 "제2의 물결"에 의한 산업사회의 성과와 함께 부작용들도 잘 알게 됩니다. "제3의 물결"인 정보혁명의 질풍 속에서 생겨난 정보사회가 산업사회의 성과를 바탕으로 성장하였으면서도 산업사회의 단점들을 어떻게 극복해 왔는지 그 과정에 대해서도 잘 알게 됩니다. 지금 우리가 경험하고 있는 '후기 산업사회'의 지역화, 개별화, 다양화 등의 특징을 자세히 설명하면서 무엇보다도 '정보 네트워크' 속에서 소통과 협력과 상생을 추구하며 실용적 유익을 공유하는 '프랙토피아'의 비전을 제시한 점은 이 책의 가장 큰 장점이자 업적입니다.

제2의 물결의 부작용

이 책에서 토플러는 사회의 변화 과정을 "제1의 물결", "제2의 물결", "제3의 물결"로 구분하고 있습니다. "제1의 물결"이란 수렵과 채집에 의존하는 원시적 경제 양식에서 '농업'이라는 경제 양식으로 변화하는 현상입니다. '농업혁명'을 통하여 생겨난 잉여 생산물을 갖기 위해 수많은 사람들이 모여들어 공동체를 이루면서 '농경사회'와 함께 본격적으로 도시 문명의 시대가 열렸습니다. 이 혁명적 사회 변화를 토플러는 "제1의 물결"이라고 명명하였습니다. "제2의 물결"이란 농업혁명이 아닌 '산업혁명'에 의해 도시 문명이 농경사회에서 산업사회로 변화하는 현상입니다. 토플러는 "제2의 물결"에 의해 생겨난 사회의 성격을 다음과 같이 말하고 있습니다.

"제2의 물결의 사회는 고도로 산업화된 사회입니다. 대량생산, 대량분배, 대량소비, 대량교육, 대량휴양, 대중문화와 대량살상 무기들에 토대를 둔 사회입니다. 이러한 '대량'의 현상들은 표준

화, 중앙화, 집중화 그리고 동기화를 통해 연결되어 있고 우리들
이 '관료주의'라 부르는 조직에 의해 운영됩니다."

　　　　－《제3의 물결》(앨빈 토플러 지음, 원창엽 옮김. 홍신문화사) 참조

　"제2의 물결"에 의해 생겨난 산업사회에서는 "중앙화", 대량화,
"표준화"와 같은 특징들이 두드러졌습니다. 자본을 많이 소유한
자본가들, 경영자들, 고용주들이 자본의 힘으로 중앙에 권력을 집
중시켜 왔습니다. 그들이 앉아 있는 중앙의 자리에 권력이 집중되
다 보니 그들의 권력은 막강할 수밖에 없었지요. 자본의 힘으로 쌓
아 올린 중앙의 '자본적 권력'을 통하여 회사와 공장에서 일하는 회
사원들, 노동자들, 피고용자들을 지배하면서 많은 문제점을 낳기도
했습니다. 기업과 회사의 하부 조직에서 일하는 직원들을 포함하여
전체 구성원들과 합의를 이끌어 내지도 않은 채 표준화된 규칙을
정하는 사례가 많았습니다. 이 '규칙'에 일방적으로 따르도록 강요
하는 경영 방침들이 관례가 되어 왔습니다.
　'매머드'에 비유될 정도의 생산량과 매출액을 기업의 연간 목표
로 설정해 놓고 이 '대량화'의 목표를 달성하기 위해 노동자들의 시
간과 임금과 노동력을 착취하는 일들이 사회의 부조리가 되었습니
다. 권력을 독점하여 아랫사람들을 지배하는 중앙화! 노동의 질과
노동의 시간에 따른 공평한 분배를 망각한 채 노동의 윤리를 저버
리면서까지 추구해 온 대량화! 민주적 합의가 무시되거나 생략된

표준화! 토플러가 비판적으로 인식하고 있는 제2의 물결의 사회를 나타내는 특징은 바로 이것이 아닐까요? 산업사회가 문명의 발전에 기여한 측면들이 많은 것도 사실이지만 이러한 중앙화, 대량화, 표준화의 과정에서 소통과 협력과 상생을 저해하는 부작용이 매우 크게 나타났기 때문입니다.

'제2의 물결'인 산업혁명 시대의 공장 내부 풍경. 앨빈 토플러가 지적한 것처럼 "대량화", "표준화", "집중화"의 양상이 뚜렷하다.

2

행복의 촉감이 느껴지는
새로운 물결의 사회

제3의 물결, 후기 산업사회로의 변화

강물이나 바닷물을 바라볼 때 눈에 들어온 물결은 어제의 물결도 아니고 한 시간 전의 물결도 아닙니다. 어제의 물결이 머물던 자리엔 오늘의 물결이 새롭게 흘러 와 있고 한 시간 전의 물결이 흐르던 자리엔 지금 이 시간의 물결이 흐르고 있는 것입니다. 그렇다면 중앙화의 물결, 대량화의 물결, 표준화의 물결을 서서히 밀어내면서 흐르고 있는 제3의 물결은 어떤 것일까요? 제3의 물결은 말 그대로 '문명의 새로운 물결'을 의미합니다. 후기 산업사회의 모습을 나타내는 말이기도 합니다. 제2의 물결을 의미하는 산업사회에서 제3의 물결을 의미하는 후기 산업사회로 변화하는 과정은 20세기 후반에 진입하면서부터 시작되었습니다.

산업사회에서는 과학기술의 발전에 비례하여 산업 발전 속도가 급진적으로 빨라졌습니다. 첨단을 향하여 질주하는 과학기술의 발전 템포는 우리 사회를 광대한 정보망 혹은 '거대한 정보 네트워크'로 변화시켰습니다. 적어도 20세기 후반 이후의 현대인들은 이 '정보 네트워크' 안에서 거주한다

앨빈 토플러는 평생을 연구와 집필에 바쳤다. 서재의 책상 위에 그의 명저 《미래의 충격》이 놓여 있다. 《제3의 물결》과 함께 그의 '미래학'을 대표하는 저서다.

고 말할 수 있지 않을까요? 21세기를 살고 있는 우리들은 인간의 사회를 '정보 네트워크'로 인식하고 있는 것이 사실입니다. 이 '정보 네트워크' 안에서는 무수한 분야의 서로 다른 지식들과 정보들이 독립적으로 기능을 발휘합니다. 그러면서도 그 정보들과 지식들이 서로 도움을 주고받는 '상호의존'의 성격을 보여 주기도 합니다. 즉 토플러의 말대로 "제3의 물결" 사회는 개별성, 독립성, 다양성, 상호의존성, 실용성이 두드러집니다.

프랙토피아, 제3의 물결에 의해 생겨날 미래 문명사회

책을 읽다 보면 중앙화를 대신하는 '지역화'의 물결, 대량화를 대신하는 '개별화'의 물결, 표준화를 대신하는 '다양화'의 물결에 우리의 감성이 젖어 드는 것이 느껴집니다. 이와 같은 다양화, 개별화, 지역화의 물결이 한데 어우러지는 제3의 조류를 닮은 사회를 토플

러는 "프랙토피아practopia"라고 불렀습니다. 프랙토피아를 우리말로 옮긴다면 '실용적 유토피아' 혹은 실용적 유익을 공유하는 이상적 사회라고 말할 수 있지 않을까요? '프랙토피아'란 어떤 사회인지 토플러의 설명으로 직접 들어 볼까요?

"프랙토피아는 긍정적이고 혁명적이라고 말해도 좋을 만한 사회입니다. 현재의 사회와는 다른 질서와 가치관을 가진 사회입니다. 실제로 실현이 가능한 사회인 것입니다. '제3의 물결'에 의해 생겨난 문명은 이런 의미에서 진실로 '프랙토피아'가 구현되는 미래입니다. 프랙토피아의 문명은 개인 간의 차이를 인정하고 있습니다. 인종적, 지역적, 문화적 다양성을 억압하려 들지 않고 서로 다른 것들을 포용하는 문명을 엿볼 수 있습니다."

– 《제3의 물결》(앨빈 토플러 지음, 원창엽 옮김, 홍신문화사) 참조

프랙토피아는 제3의 물결에 의해 생겨날 미래의 문명사회입니다. 토플러는 "변화란 단지 삶에 필요한 것이 아니라 변화 그 자체가 곧 삶"이라고 말한 바 있습니다. 그의 말에 비추어 본다면 프랙토피아는 총체적 '변화 그 자체'입니다. 프랙토피아는 토플러가 말한 것처럼 "다수가 참여하는 사회"[63]입니다. 소수가 중요한 경영 정책을 결정하고 다수는 그 정책에 이끌려 따라가기만 하는 사회가 아닙니다. 조직의 구성원 다수가 경영 정책에 관여하면서도 실무를 병행하

는 사회입니다. 그러므
로 다양한 정책들이 제
시될 수밖에 없습니다.

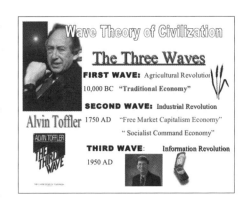

　'프랙토피아'에서는
이미 결정된 한 가지의
정책도 다양한 방향성
에 따라 실행됩니다. 각
각의 조직체들이 이렇
게 다양한 정책의 다양
한 방향성에 따라 움직
인다고 생각해 보세요.
프랙토피아는　토플러

앨빈 토플러의《제3의 물결》속에 담겨 있는 '문명의 물결 이론'을 설명하는 화보. '제1의 물결'인 농업 혁명에 의해 '전통적 경제' 구조를 형성한 농업사회. '제2의 물결'인 산업 혁명에 의해 '자유 시장경제' 구조를 형성한 산업사회. 그리고 '제3의 물결'인 정보 혁명을 설명하고 있다. 프랙토피아는 이 정보 혁명에 의해 탄생이 가능해진 사회다. 화보 왼쪽 상단 및 하단에 토플러와 그의 책이 보인다.

의 말처럼 "오늘의 사회보다 훨씬 더 다양한 사회"가 될 것입니다.
그만큼 사회 안에서 유통되고 교환되는 정보와 지식이 다양해진다
는 것이죠. 하나의 조직체도 다양한 분야의 전문적 지식을 가진 전
문가들로 구성되게 마련입니다. 조직체를 이끄는 CEO를 비롯한 수
석 리더가 "모든 특성을 다 갖출 수는 없는"[64] 것이 아닐까요? 그러
므로 그 조직체를 구성하는 다양한 분야의 전문가들로부터 의견을
경청해야만 합니다. 전문가들의 견해 속에는 조직체의 발전에 필요
한 다양한 정보와 지식이 담겨 있으니까요.

3

공유한 권력으로
공동의 유익을 창출하는 사회

전문가와 경영자가 공유하는 권력

그러므로 '프랙토피아'에서는 조직체를 이끄는 권력이 CEO와 수석 리더 개인에게 집중되지 않습니다. '제3의 물결'을 타고 등장하는 프랙토피아는 중앙집중의 권력 구조를 해체하는 양상을 보여 줍니다. 경영자의 권력이 전문가들에게 분산되어 개별적 권력들이 연합하는 복합적 구조가 나타납니다. 탈중앙화와 탈권력화의 양상이 점점 더 뚜렷해집니다. 조직체의 다양한 정책에 걸맞는 다양한 지식의 성격에 따라서 전문가들에게 권력이 나누어집니다. 지식과 정보를 사용하는 방향성에 따라서 지도자의 권력이 '무력하다'고 느껴질 정도로 그 조직체의 모든 전문가들이 지도자와 함께 권력을 공유합니다. 꿈만 같은 사회죠? 그러나 우리는 이미 제3의 물결을 타고 프랙토피아를 향해 가까이 다가가고 있습니다. 꿈이 현실이 될 날도 머지않았습니다.

　토플러는 이 책에서 지도자 혹은 경영자를 "제너럴리스트"로, 전문가를 "스페셜리스트"로 부릅니다. 그가 바라보는 제너럴리스트와 스페셜리스트 간의 관계는 "제2의 물결" 사회에서 보여 준 관계와는 완전히 다릅니다. 산업사회에서 경영자인 제너럴리스트가 전문가인 스페셜리스트를 지배하는 것은 일반적인 현상이었습니다. 하지만 그러한 수직적 지배구조는 제2의 물결과 함께 흘러가 버리고 다시는 흘러오지 말아야 할 시스템이 되었습니다. 경영자와 전문가, 제너럴리스트와 스페셜리스트가 부단히 소통하는 과정을 통하여 동등한 수평적 위치에서 권력을 공유하는 것이 "제3의 물결" 시대의 사회적 현상입니다.

전문가와 경영자의 수평적 파트너십

　제너럴리스트는 조직체를 이끄는 경영자이므로 소수일 수밖에 없습니다. 스페셜리스트는 조직체의 다양한 정책 기능에 필요한 자신들의 지식을 제공하기 위해 고용된 전문가들이므로 소수가 아닌 다수입니다. 소수인 제너럴리스트와 다수인 스페셜리스트가 지식과 함께 권력까지도 공유하게 될 때, 그 조직체는 시대의 흐름에 역행하지 않는 발전의 물결 위에 오를 수 있다고 토플러는 확신합니다.

　각 분야의 지식을 골고루 폭넓게 갖춘 제너럴리스트! 특정한 분

앨빈 토플러와 그의 부인 하이디 토플러 (Heidi Toffler)의 젊은 시절. 하이디는 존 스튜어트 밀의 부인 해리어트처럼 남편에게 학문적 동지이며 조력자였다.

앨빈 토플러 부부가 함께 저술한 명저《혁명적 부(富)》의 영문판 표지. 한국에서는 '부의 미래'라는 제목으로 번역, 출간되었다.

야의 전문적 지식을 갖춘 스페셜리스트! 양자는 자신들의 지식을 언제든지 교환할 수 있는 정보망을 만들 수 있습니다. 이 정보망 안에서 스페셜리스트에 대한 제너럴리스트의 수직적 지배구조를 허물고 양자의 수평적 파트너십을 형성하면서 빈번하게 의견을 교환할 수 있습니다. 이러한 소통의 구조로 정책의 효율성을 극대화할 수 있다고 토플러는 생각합니다. 제너럴리스트는 광범위한 일반적 지식으로 정책의 토대를 든든히 갖추는 사람입니다. 그렇다면 스페셜리스트는 제너럴리스트의 지식 토대 위에 자신의 전문적 지식을 탄탄하게 쌓아 올리는 사람이 아닐까요?

제너럴리스트의 폭넓은 지식에 의해 탄생한 정책들은 효율적 기능을 발휘하여 조직체의 수익을 증가시킬 필요가 있습니다. 이 정책들은 사회 전체의 대중에게도 유익을 안겨 줄 수 있어야만 합니다. 조직체의 성장과 대중사회의 공익이라는 두 가지 목적을 달성하기 위해 제널리스트를 전문적 지식으로 든든하게 뒷받침해 주는 파트너가 필요합니다. 그

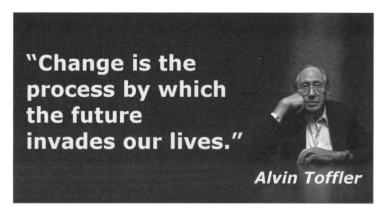

"Change is the process by which the future invades our lives."

Alvin Toffler

"변화! 이 '변화'라는 과정에 의해 '미래'는 우리의 삶 속으로 침투해 들어옵니다." 새로운 지식에 의해 끊임없이 현재의 낡은 삶을 '변화'시키려는 노력이 행복한 미래의 사회를 창조하는 원동력임을 앨빈 토플러는 강조하고 있다.

가 바로 스페셜리스트입니다. 양자는 서로 다른 역할을 가진 동반자로서 조직체의 발전을 공동으로 이끌고 대중사회의 발전에 이바지하는 길을 동행합니다. 이것이 바로 토플러가 가리키는 프랙토피아로 나아가는 길입니다. 공유한 권력으로 공동의 유익을 창출하는 인간다운 미래의 사회로!

인간은 그리고 일반적으로 이성을 가진 존재는 모두 목적
그 자체로서 존재하는 것이며, 단순히 이런저런 의지가
마음대로 사용하는 수단으로서 존재하는 것이 아니다.

― 이마누엘 칸트(Immanuel Kant)

13장

인간과 자연이
서로 의존하는 공동 사회

칸트, 프롬, 데리다의 사상과
머레이 북친의 《사회 생태론의 철학》

머레이 북친(Murray Bookchin, 1921~2006)

뉴욕에서 출생한 미국의 철학자. 부모는 러시아계 이주민이었다. 가난 때문에 10대 시절을 '노동'으로 보내야만 했다. 주물공장과 자동차공장에서 쌓은 노동자의 경험과 카를 마르크스의 사상이 북친의 노동운동과 사회주의 운동에 큰 영향을 주었다. 1950년대 후반부터는 사회주의와 아나키즘의 관점으로 환경 및 생태계를 바라보면서 생태문제와 환경문제를 '사회문제'로 규정하는 이론의 토대를 형성하였다. 대표 저서로는 《생태사회를 향하여 Toward an Ecological Society》(1980), 《사회 생태론의 철학 The Philosophy of Social Ecology》(1990), 《사회 생태론과 코뮌주의 Social Ecology and Communalism》(2007) 등이 있다.

Philosophy of Social
Ecology: Essays on
Dialectical
Naturalism

Bookchin, Murray

Note: This is not the actual book cover

영문판《사회 생태론의 철학》. '변
증법적 자연주의에 관한 에세이'
라는 부제를 갖고 있다.

|작품 소개|

사회 생태론의 철학 The Philosophy of Social Ecology

머레이 북친이 1964년에 처음으로 주장하고 제시하였던 '사회 생태론(Social Ecology)'을 가장 명확하게 설명한 책이다. 이 책에서 북친은 정치적 권력과 자본의 힘이 만들어 놓은 사회의 위계질서 및 위계구조는 '자연'에 대한 인간의 지배구조로 확대되기 때문에 환경과 생태계를 파괴하는 결과로 이어질 수밖에 없다고 주장하였다. 그러므로 '사회' 안에서 인간들 사이의 지배구조를 '해체'하는 것을 바탕으로 자연에 대한 인간의 지배구조를 해체하기 위해 노력해야만 '생태문제'를 해결하는 길이 열릴 수 있다고 그는 생각하였다. '아나키즘' 사상과 마르크스의 사회주의 사상에 토대를 두고 생태문제를 '사회문제'로 바라보면서 생태문제의 근본적 해결책을 사회구조의 개혁에서 찾고 있다는 점이 이 책의 가장 큰 특징이다.

(참고본:《사회 생태론의 철학》, 머레이 북친 지음, 문순홍 옮김, 솔출판사)

1
생태문제는
사회문제인가?

지구, 자연과 인간의 공동 주택

머레이 북친은 《사회 생태론의 철학》에서 "생태문제는 사회문제"[65]라고 주장했습니다. 그는 "현 시대의 생태문제는 사회문제로부터 파생"[66]되었기 때문에 생태계의 위기를 극복하는 길은 "생태문제의 틀과 사회구조 그리고 사회이론을 어떻게 유기적으로 결합시켜 사유할 것인가"[67]에 달려 있다고 보았습니다. '생태eco'의 어원은 그리스어로 '집'이라는 뜻의 '오이코스oikos'입니다. 우리가 살고 있는 지구를 '집'이라고 한다면 이 집에서 함께 살고 있는 가족은 자연과 인간이 아닐까요? 물과 공기와 흙을 비롯하여 이들 없이는 살 수 없는 인간과 나무와 새와 꽃 그리고 '생명'을 가진 모든 동식물이 '지구'라는 집에서 동거하는 '가족'이라고 말할 수 있습니다. 그 누구보다도 이렇게 믿고 있는 사람이 머레이 북친입니다.

"생태 위기"를 증명하는 일상의 모습

그러나 자연과 인간의 공동 주택인 지구는 이미 반세기 전에 북친이 염려했던 "생태 위기"[68]의 상황에 직면하였습니다. '집'의 곳곳에 구멍이 나고 물이 새는 것처럼 '온난화'를 비롯한 '기후 변화' 현상으로 인하여 지구 곳곳에서 재앙이 끊이지 않습니다. 생태계를 파괴한 결과로 인과응보처럼 인류에게 닥쳐온 '기후 변화'는 지구의 존립을 위협하는 인류 전체의 '사회문제'가 되었습니다. 북친의 예견이 적중한 것입니다.

모든 생물을 길러 주는 어머니와 다름없는 물, 공기, 흙. 이들은 '지구'라는 집을 지탱하는 토대입니다. 그런데 이들이 병들어 갑니다. 사람의 몸에 비유해 볼까요? 물의 핏줄은 혼탁하고 공기의 숨결은 가쁘고 흙의 살결은 창백합니다. 비와 눈도 더 이상 반가운 손님의 얼굴이 아닙니다. 산성酸性이라는 무기를 가슴에 품고 생물들을 공격하는 가해자로 인간에게 인식된 세월이 벌써 수십 년이나 흘렀습니다. 옥수수, 오렌지, 포도, 파인애플, 사과, 배 등은 인간의 식탁에 베풀어지는 자연의 선물입니다. 그러나 하늘과 대지의 조화로운 사랑 속에서 태어난 이 열매들조차도 '파라치온' 같은 농약에 오염된 것이 아닐까 하는 불안한 마음으로 망설이며 먹어야만 합니다.

소유의 욕망에 길들여진 인간

이 모든 현상들이 북친이 말한 "생태 위기"를 증명하는 일상의 모습입니다. 지구의 온가족을 생태 위기의 막다른 골목으로 몰고 간 근본적 원인은 무엇일까요? 개인들의 지나친 소유욕, '생산'과 '수익'에만 중점을 두는 기업의 플랜, '성장'에만 초점을 맞추는 국가의 경제정책, 군사력과 경제력을 바탕으로 타국보다 우월한 위치를 차지하려는 세계 열강의 패권주의 전략 등이 복합적으로 작용한 까닭이 아닐까요? 존엄성과 인격을 가진 인간이 '자본'의 가치로 환산되어 '상품'의 등급으로 판정받은 끝에 '효용'의 지수에 따라 대우를 받게 되었습니다. 소유한 물질을 마음껏 소비하면서 체험하게

노년의 마르고트 샤르펜베르크(Mar-got Scharpenberg, 1924~). 1924년 독일의 쾰른에서 출생한 시인이자 소설가. 1962년부터는 뉴욕에 거주하였고 1968년엔 미국 시민권을 얻어 지금까지 미국 작가로서 창작활동을 해왔다. '생태문제'를 인류의 사회문제로 부각시켜 왔던 훌륭한 작가이다.

되는 편리와 쾌락이 인간의 정신을 마네킹처럼 마비시킵니다. 더 많은 물질과 빠른 기술을 소유하려는 도시인들의 욕망이 녹색의 마을에서 나무들과 꽃들을 내쫓고 그들의 터전인 흙을 콘크리트로 바꿔 버립니다. 독일의 여성 시인 마르고트 샤르펜베르크Margot Scharpenberg의 시 〈대도시의 통계학〉을 주목해 볼까요? 소유와 소비에만 길들여진 인간의 물질적 욕망이 인간 스스로를 '생태 위기' 속으로 몰고 가는 것을 보게 됩니다.

"도시는/ 비둘기에게 모이를 주듯/ 오물과 욕망으로/ 우리를 사육했습니다/ 마침내 우리의 생존 법칙을/ 독살하고 말았지요/ 개처럼 길들여졌다고나 할까요/ 우리의 기분 따위는/ 도시의 고려 대상이 아니었습니다/ 우리는 모든 것에 값을 매기고/ 생산의 수치數値만을 첩첩이 쌓아가면 그만이었죠/ 얼마 남지 않은 나무들과/ 덩치 큰 침실을/ 손에 넣으려는 아귀다툼 속에서/ 우리는 스스로 생명을 버렸답니다"

– 마르고트 샤르펜베르크의 시 〈대도시의 통계학〉 중에서

물질을 소유하려는 "욕망" 때문에 수단과 방법을 가리지 않는 세상 사람들의 비정한 행동들이 가차 없이 비판을 받고 있습니다. "생태 위기"와 관련하여 우리가 주목할 부분은 "모든 것에 값을 매기고 생산의 수치만을 첩첩이 쌓아가는" 사회의 메커니즘입니다. 우리 사회가 이와 같이 정신의 가치를 외면하고 물질의 가치만을 추구하면서 소유의 "욕망"에 길들여진다면 '지구'라는 집에서는 더 이상 가족 간의 상생이 어렵지 않을까요? 지구의 가족이란 인간만이 아닌 자연과 인간의 생명공동체입니다. 자연과 인간의 상생이 어려워지는 까닭에 가족의 집인 '지구' 전체가 흔들리는 현상이 바로 반세기 전에 북친이 경고했던 '생태 위기'인 것입니다.

13장_인간과 자연이 서로 의존하는 공동 사회

2
지배구조를 비판하고
해체하는 길

인간에 의한 인간지배, 인간에 의한 자연지배

칸트Immanuel Kant는《도덕 형이상학에 관한 기초 놓기》에서 다음과 같이 말했습니다.

> "인간은 그리고 일반적으로 이성을 가진 존재는 모두 목적 그 자체로서 존재하는 것이며, 단순히 이런저런 의지가 마음대로 사용하는 수단으로서 존재하는 것이 아니다. 그래서 인간은, 그리고 이성을 가진 존재는 (…) 모든 행위에서 언제나 동시에 목적으로도 생각되어야 한다."
>
> – 이마누엘 칸트,《도덕 형이상학을 위한 기초 놓기》, 이원봉 옮김, 책세상, 2002, p.82

그러나 우리는 칸트의 도덕철학이 무색해지는 세상에서 살아가는 것이 아닐까요? '목적'으로 존중받아야 할 인간이 자본을 획득하기 위한 '수단'으로 이용당하는 세태가 점점 더 뚜렷해집니다. 이러한 사회에서는 '자연'조차도 수단이나 도구로 취급받을 수밖에 없습니다. 인격과 존엄성을 가진 사람이 수단이나 도구로 소외당하는 땅에서는 생명을 가진 '자연'조차도 생명 없는 물건으로 천대받게 마련입니다. 인권이 실현되지 못하는 세상에서는 자연의 생명권조차도 보호받을 수 없습니다. 사람들의 상생이 깨지는 곳에서는 사람과 자연의 상생도 깨질 수밖에 없습니다.[69] 북친의 말처럼 "인간에 의한 자연지배"가 생태 위기를 일으킨 직접적 원인이라고 한다면 이 자연지배의 현상은 "인간에 의한 인간지배"에 근본적 원인을 두고 있습니다. 인간을 수단으로 '지배'하는 풍조가 자연을 도구로 남용하는 '자연지배'로 이어지면서 생태 위기의 속도를 빠르게 만든 것입니다.

생태 위기 극복을 위한 인간지배 구조 해체

"인간에 의한 자연지배는 인간에 의한 인간지배에서 기인하기 때문에 위계질서와 지배체제를 비판하고 해체하는 것이 현재의 생태위기를 해결할 수 있는 유일한 길이다."
– 머레이 북친,《사회 생태론의 철학》, 문순홍 옮김, 솔출판사, 1997, p.244

글로벌 사회문제로 굳어진 생태문제는 해결하기 쉽지 않은 인

인간을 '수단'이 아닌 '목적'으로 존중하라고 조언했던 도덕철학의 대가 이마누엘 칸트(Immanuel Kant, 1724~1804). 그는 대표적 계몽사상가로서 유럽 대륙에 '자유'와 '평등' 의식을 확산시켰다.

류의 과제입니다. 그러나 북친은 인간 사회 안에서 굳어져 있는 "위계질서와 지배체제를 비판하고 해체하는" 것을 해법으로 제시하고 있습니다. 히틀러와 스탈린의 역사적 사실에서 드러났듯이 독재 권력으로 민중의 자유와 인권을 억압하거나 기업주가 노동자들의 노동력과 임금을 착취하는 "인간에 의한 인간지배" 구조를 해체하지 않는다면, 자연의 생식능력과 자정능력을 착취하는 "자연지배"의 구조는 갈수록 강화될 뿐입니다.

공화국의 주권을 갖고 있기에 모든 권력의 근원이 되어야 할 국민! 에리히 프롬의 지적처럼 그 국민이 위정자의 '사디즘'[70]적 정치 리모컨에 일방적으로 조종당하는 '마조히즘'[71]적 정치구조를 거부하면서 '자유'를 지켜 내려는 능동적 정치구조를 구축해 나가야만 합니다. 그래야만 '자연'이 갖고 있는 본래의 순환질서와 생명의 법칙을 억압하지 않는 '생명윤리'를 지키는 길도 기대할 수 있지 않을까요? 국민의 주권과 인권이 억압당하지 않는 사회구조에서만 자연의 생명권도 보호할 수 있는 '생태사회'의 구조를 기대할 수 있을 것입니다.

3
자연과 더불어 살아가는
생태사회를 향하여

인간 중심의 문화를 지양하다

카를 마르크스에게서 크나 큰 영향을 받은 사회주의자 머레이 북친! 그는 이 사회주의 사상에 토대를 두고 그의 독특한 '아나키즘' 이론과 사회 생태론Social Ecology를 발전시켰습니다. 그는 마르크스의 《자본론》에서 노동자들의 시간과 임금과 노동력을 야금야금 갉아먹는 자본가들의 비인간적 '착취구조'를 비판한 것에 주목하였습니다. 그런데 이 경제적 착취구조는 고스란히 자연에 대한 인간의 착취구조로 전이될 수밖에 없는 '부조리'를 안고 있다고 북친은 내다보았습니다. 생태철학자 구승회가 지적한 것처럼 "자연의 인간"[72]을 망각하고 "인간의 자연"만을 생각하는 인간중심적 패러다임을 고수한다면 '자본적資本的 권력'이라는 지배의 올무로 '자연'을 결박할 수밖에 없다는 것입니다. 그렇다면 인간과 자연 간의 관계 속에서 지배구조와 위계질서를 '해체'하고 자연과 인간의 상호의존이 원활하게 이루어지는 '생태사회'의 초석을 다지는 시초는 무엇보다도 인간의 사고방식에 달려 있습니다. 이성의 우월주의에 빠져서 자연을 지배의 '대상'으로 규정하고 자연을 가공하고 변형하려는 인간 중심의 문화를 지양해 나가야 합니다.

생명 중심의 사고방식을 지향하다

마르틴 부버의 《나와 너》를 읽어 볼까요? 이 책에서 부버는 "나무"[73]를 "그것"[74]이나 물건으로 취급하지 않았습니다. 그는 나무를 "너"로 받아들이며 독립적 존재로 존중했습니다. "나무는 나와 마주 서서 살아 있다"[75]고 고백하고 "나무는 나와 함께 (지금까지 세계를 만들어 왔고 앞으로도) 함께 세계를 만들어 가야 한다"[76]고 말했습니다. 상호의존의 파트너십을 강조한 것입니다. 그렇다면 자연과의 관계 속에서 인간이 '지향'해야 할 사고방식은 무엇일까요? 자연의 대표적 모델인 나무에 대한 부버의 생각을 거울로 삼아 볼까요?

마르틴 부버의 저서 《나와 너》의 독일어 원본 표지. 부버는 이 책에서 '나'와 '너'의 '상호 관계'라는 관점으로 인간과 자연 간의 관계를 바라보고 있다.

'지구'라는 집에서 인간과 동거하고 있는 물, 공기, 흙, 나무, 새, 꽃, 풀, 곤

충! '생명'을 가진 이 모든 존재를 인간과 함께 사회를 형성하는 연합의 동반자로 존중해야 합니다. '생명 중심'의 사고방식을 지향해 나가야 합니다. 사회학자 앤서니 기든스Anthony Giddens가 전망했던 "제3의 길"77은 이러한 생명 중심의 패러다임에서 열립니다. 이성만능주의, 물질만능주의, 기술만능주의를 앞세워 자연을 '인간만의 자연'으로 예속시켰던 멍에를 이제는 자연으로부터 벗겨 주어야 하지 않을까요?

인간과 자연은 생태적 상호의존 네트워크

자연을 사회의 주축으로 복귀시키는 '제3의 길!' 이 길은 인간과 자연이 서로 다른 존재 양식과 역할을 갖고 있다는 '차이'를 인정하는 지점에서부터 열립니다. 해체주의 사상가 자크 데리다Jaques Derrida가 말한 것처럼 '자연'을 인간과는 존재 양식이 다른 '타자'로 바라보는 유연한 '상대주의'적 사고방식이 필요합니다. 인간의 '주체' 속에 자연을 가두어 놓고 주체의 입장에서만 자연을 관념적으로 규정하는 태도를 지양해야 합니다. 주체의 밀실에 갇혀 있던 자연을 독립적 존재로 해방해야 합니다. '타자'인 자연의 입장에 서서

자크 데리다(Jaques Derrida, 1930~2004). 알제리 태생의 프랑스 철학자. '해체주의' 사상으로 현대 철학의 발전에 크게 기여하였다.

수평적 시각으로 자연의 고유한 역할을 존중하는 '탈주체'의 사고 방식을 길러야 합니다.[78] 인간은 자연에게서 혜택을 부여받고 자연은 인간에게서 보호를 받는 생태적 상호의존의 네트워크를 유지할 수 있는 전제조건은 무엇일까요? 그것은 인간이 '주체 중심'의 사고 방식을 탈피하는 것입니다. 인간만이 주체가 되어 객체이자 대상인 자연을 지배할 수 있다는 '오만'을 버리는 것입니다.

모든 생물의 '천부생명권'을 옹호하는 생태사회

우리는 18세기 계몽주의 시대 이후에 인류에게 널리 알려진 천부인권사상을 잘 알고 있습니다. 모든 인간은 태생적으로 자유롭게 행복을 누릴 권리를 하늘로부터 부여받았으며 그 권리는 '높고 낮음'이 없이 평등하다는 것을 뜻합니다. 로크, 볼테르, 루소 등 계몽사상가들로부터 서양세계에 널리 전파된 사상입니다. '사람이 곧 하늘'이라는 의미의 '인내천人乃天'을 토대로 출발한 한민족의 동학東學도 '천부인권'을 옹호하는 사상이죠. 우리는 여기서 한 발 나아가《사회 생태론의 철학》을 읽으면서 '지구'라는 집에 거주하는 공동 세입자의 평등한 권리까지도 생각하게 됩니다. 이 '공동 세입자'는 누구일까요? 인간과 자연 아닐까요? 이제는 자연에게도 세입자의 권리를 인정해 주어야 하지 않을까요? '지구'라는 다세대 주택에서 살아가는 인류가 다른 세대인 모든 생물에게 보장해야 할 권리는 '천부생명권天賦生命權'입니다. 인간의 천부인권과 함께 모든 생물의 천부생명권을 옹호하는 '생태사회'의 공동 세입자 의식을 공유해야 하지 않을까요?

어떤 생물이든지 태어날 때부터 하늘과 대지와 물과 공기와 흙의 조화로운 연합을 통하여 생명을 부여받았습니다. 그러므로 누구나 예외 없이 동등한 생명권을 갖고 있습니다. 모든 생물은 자신의 생명을 유지할 권리를 갖고 있습니다. "위계질서와 지배체제를 해체해야 한다"는 북친의 주장으로부터 인간 상호 간의 평등을 인간과 자연 간의 평등으로 확대해야 한다는 소망을 읽을 수 있습니다. 《사회 생태론의 철학》은 인간과 자연 간의 평등한 사회구조를 추구하는 '생태사회'의 비전을 밝혀 주었다는 점에서 큰 의의를 갖습니다. 생태사회의 희망을 노래하는 한스 위르겐 하이제의 시 〈약속〉을 읽으면서 북친이 꿈꾸는 세상을 기약하지요.

"야생초야!
모든 사람이
장미만을 사랑스러워하는
이 시대에
나는 너를 돌보는 산지기가 되리라"

– 송용구, 《독일의 생태시》, 새미, 2007, p.101

1 박찬국,《하이데거의 '존재와 시간' 읽기》, 세창미디어, 2013, p.106

2 호메로스,《일리아스/오디세이아》, 이상훈 옮김, 동서문화사, 1978, p.649

3 호메로스,《일리아스/오디세이아》, 이상훈 옮김, 동서문화사, 1978, p.649

4 호메로스,《일리아스/오디세이아》, 이상훈 옮김, 동서문화사, 1978, p.712

5 호메로스,《일리아스/오디세이아》, 이상훈 옮김, 동서문화사, 1978, p.713

6 호메로스,《일리아스/오디세이아》, 이상훈 옮김, 동서문화사, 1978, p.713

7 마르틴 부버,《나와 너》, 표재명 옮김, 문예출판사, 1993, p.52

8 마르틴 부버,《나와 너》, 표재명 옮김, 문예출판사, 1993, p.52

9 마르틴 부버,《나와 너》, 표재명 옮김, 문예출판사, 1993, p.52

10 시인 김현승의 시 〈가을의 기도〉 중 일부분이다. "가을에는 사랑하게 하소서. 가장 아름다운 열매를 위하여 이 비옥한 시간을 가꾸게 하소서."(제2연)

11 사마천,《한 권으로 보는 사기》, 김진연 · 김창 옮김, 서해문집, 2004, p.13

12 에드워드 핼릿 카,《역사란 무엇인가》, 권오석 옮김, 홍신문화사, 1988, p.7

13 에드워드 핼릿 카,《역사란 무엇인가》, 권오석 옮김, 홍신문화사, 1988, p.7

14 에드워드 핼릿 카,《역사란 무엇인가》, 권오석 옮김, 홍신문화사, 1988, p.8

15 에드워드 핼릿 카,《역사란 무엇인가》, 권오석 옮김, 홍신문화사, 1988, p.8

16 에드워드 핼릿 카,《역사란 무엇인가》, 권오석 옮김, 홍신문화사, 1988, p.35

17 사마천,《한 권으로 보는 사기》, 김진연 · 김창 옮김, 서해문집, 2004, p.27 이 번역본 《사기》 중의 〈태사공자서〉의 부분을 조금 더 알기 쉽게 우리말로 옮겨 보았다.

18 장 자크 루소,《사회계약론》, 이환 옮김, 서울대학교출판부, 1999, p.195

19 〈창세기〉 3장 19절,《성경》개역개정판, 대한성서공회

20 토머스 모어,《유토피아》, 나종일 옮김, 서해문집, 2005, p.94

21 토머스 모어,《유토피아》, 나종일 옮김, 서해문집, 2005, p.112

22 토머스 모어,《유토피아》, 나종일 옮김, 서해문집, 2005, p.117

23 토머스 모어,《유토피아》, 나종일 옮김, 서해문집, 2005, p.116

24 토머스 모어,《유토피아》, 정순미 풀어씀, 풀빛, 2006, p.71 이 번역본에서는 '공유재산제'라고 소개되어 있지만 '재산공유제'로 번역하는 것이 온당하다 고 판단된다. 재산을 공유하는 제도이기 때문이다.

25 〈사도행전〉 2장 44-45절,《신약 전서》《새번역》, 대한성서공회, 2007, p.319 "믿는 사람(초대 교회 공동체 구성원들)은 모두 함께 지내며, 모든 것(재산) 을 공동으로 소유하였다. 그들은 재산과 소유물을 팔아서, 모든 사람에게 필 요한 대로 나누어 주었다."

26 송용구,《인문학 편지》, 평단, 2014, p.96, 참조.

27 토머스 모어,《유토피아》, 나종일 옮김, 서해문집, 2005, p.113

28 토머스 모어,《유토피아》, 나종일 옮김, 서해문집, 2005, p.115

29 토머스 모어,《유토피아》, 나종일 옮김, 서해문집, 2005, p.116

30 토머스 모어,《유토피아》, 나종일 옮김, 서해문집, 2005, p.115

31 토머스 모어,《유토피아》, 나종일 옮김, 서해문집, 2005, p.114

32 토머스 모어,《유토피아》, 나종일 옮김, 서해문집, 2005, p.113

33 토머스 모어,《유토피아》, 나종일 옮김, 서해문집, 2005, p.112

34 토머스 모어,《유토피아》, 나종일 옮김, 서해문집, 2005, p.113

35 토머스 모어,《유토피아》, 나종일 옮김, 서해문집, 2005, p.113

36 라인홀드 니부어,《도덕적 인간과 비도덕적 사회》, 이한우 옮김, 문예출판

사, 1992, p.236

37 라인홀드 니부어, 《도덕적 인간과 비도덕적 사회》, 이한우 옮김, 문예출판
   사, 1992, p.236

38 토머스 모어, 《유토피아》, 나종일 옮김, 서해문집, 2005, p.95

39 박지원, 《열하일기》, 솔출판사, 1997, p.140

40 송용구, 《대중문화와 대중민주주의》, 담장너머, 2009, p.35 참조.

41 Raymond Williams(레이먼드 윌리엄스), 《Culture 문화》, London 1981, 참조.

42 박지원, 《열하일기》, 솔출판사, 1997, p.236

43 송용구, 《독일의 생태시》, 새미, 2007, p.37 참조.

44 존 스튜어트 밀, 《자유론》, 김형철 옮김, 서광사, 1992, p.18 "그러므로 애국
   자들의 목표는 지배자가 공동체에 행사하도록 되어 있는 권력에 제한을 가
   하는 것이었다."

45 존 스튜어트 밀, 《자유론》, 김형철 옮김, 서광사, 1992, p.19 "그리고 (지배자
   가 행사하는 권력에 대한) 이 제한이 그들이 의미하는 자유였다."

46 존 스튜어트 밀, 《자유론》, 김형철 옮김, 서광사, 1992, p.19

47 존 스튜어트 밀, 《자유론》, 김형철 옮김, 서광사, 1992, p.21 "그리하여 선거
   에 의존하는 책임 있는 정부가 위대하고 현존하는 사실에 바탕을 둔 관찰과
   비판을 수용하게 되었다."

48 존 스튜어트 밀, 《자유론》, 김형철 옮김, 서광사, 1992, p.42-43 "(위정자들
   의) 권위가 탄압하려고 하는 의견이 아마 진리일지도 모른다. 그것을 탄압
   하기를 욕구하는 자들은 물론 그것이 진리라는 것을 부정한다. 그러나 탄압
   자들이 무오류적일 수는 없다. 탄압자들이 전 인류를 대신해서 문제를 결정
   하고 다른 모든 사람들의 판단 수단을 박탈할 아무런 권위도 가지지 못한다.
   그 의견이 오류라는 것을 그들이 확신한다는 이유로 그 의견의 청취를 거부

하는 것은 자신들의 확실성을 절대적 확실성으로 가정하는 것이다. 토론을 침묵시키는 모든 행동은 무오류성의 가정을 전제로 한다. 토론 침묵을 반대하는 것이 이같이 평범한 논의에 바탕되어도 무방하다.

49 에리히 프롬, 《자유로부터의 도피》, 원창화 옮김, 홍신문화사, 1988, p.173 "근대사회에서 개인의 자동기계화는 인간의 무력함과 불안감을 확대시켰다. 그 때문에 인간은 안정을 부여해 주거나 회의에서 그를 구해 준다고 믿는 새로운 권위에 쉽사리 복종하게 된다."

50 라인홀드 니부어, 《도덕적 인간과 비도덕적 사회》, 문예출판사, 1992, p.236

51 라인홀드 니부어, 《도덕적 인간과 비도덕적 사회》, 문예출판사, 1992, p.238

52 라인홀드 니부어, 《도덕적 인간과 비도덕적 사회》, 문예출판사, 1992, p.236

53 에드워드 핼릿 카, 《역사란 무엇인가》, 권오석 옮김, 홍신문화사, 1988, p.35

54 막스 호르크하이머 · 테오도르 아도르노, 《계몽의 변증법》, 김유동 옮김, 문학과지성사, 2001, 4장 〈문화 산업: 대중 기만으로서의 계몽〉을 참조.

55 에리히 프롬, 《자유에서의 도피》(세계사상전집49), 고영복 옮김, 학원출판공사, 1983, p.207 "이제까지 우리는 히틀러의 이데올로기의 '사디즘'적 측면을 말해 왔다."

56 에티엔 드 라 보에시, 《자발적 복종》(개정판), 박설호 엮고 옮김, 2015, 울력, 참조.

57 신동엽, 《신동엽전집》, 창작과비평사, 1975, p.67 시 〈껍데기는 가라〉는 백제→동학혁명→4.19혁명으로 계승되어 왔던 자주 정신의 생명력을 지켜 내고자 염원하는 시인 신동엽의 저항시다. 이 작품과 그의 또 다른 시 〈누가 하늘을 보았다 하는가〉는 '자주' 정신의 측면에서 밀접한 연관성을 갖고 있다. 한민족의 자주 정신이 죽지 않는다면 '외세에의 종속'이라는 어두운 "구름을 닦고" 민중의 머리를 짓누르는 독재의 "쇠항아리를 찢어" 자주와 민주의

"티없이 맑은 하늘"이 새롭게 열릴 것이라는 진취적 비전을 읽을 수 있다. 신동엽, 〈누가 하늘을 보았다 하는가〉, 《신동엽전집》, p. 84-85 참조.

58 송용구, 《인문학 편지》, 평단, 2014, p.111-112 참조.

59 (재인용) 에드워드 핼릿 카, 《역사란 무엇인가》, 권오석 옮김, 홍신문화사, 1988, p.7

60 (재인용) 에드워드 핼릿 카, 《역사란 무엇인가》, 권오석 옮김, 홍신문화사, 1988, p.10

61 에드워드 핼릿 카, 《역사란 무엇인가》, 권오석 옮김, 홍신문화사, 1988, p.8

62 로버트 V. 다니엘스, 《인문학의 꽃, 역사를 배우다》, 송용구 옮김, 평단, 2014, p.115

63 앨빈 토플러, 《제3의 물결》, 원창엽 옮김, 홍신문화사, 1994, p.566 "내일의 지도자 는 현재보다 훨씬 더 탈(脫)중앙집권적이며, 다수의 참여적인 사회(다수가 참여하는 사회)를 상대하게 된다. 그 사회는 오늘의 사회보다 훨씬 더 다양한 사회이기도 하다."

64 앨빈 토플러, 《제3의 물결》, 원창엽 옮김, 홍신문화사, 1994, p.566 "앞으로는 모든 사람에게서 인정받는 존재가 될 수는 없다. 실제로 한 인간이 모든 특성을 갖출 수는 없기 때문이다. 지도자는 좀 더 임시적이고 단체적이며 모든 일을 합의하에 진행하지 않으면 안 되게 될 것이다."

65 머레이 북친, 《사회 생태론의 철학》, 문순홍 옮김, 솔출판사, 1997, p.234

66 머레이 북친, 《사회 생태론의 철학》, 문순홍 옮김, 솔출판사, 1997, p.234

67 머레이 북친, 《사회 생태론의 철학》, 문순홍 옮김, 솔출판사, 1997, p.234

68 머레이 북친, 《사회 생태론의 철학》, 문순홍 옮김, 솔출판사, 1997, p.244

69 송용구 外, 《넘어갈까 넘어갔다 다시 올까》, 도요, 2016, p.13 참조.

70 에리히 프롬, 《자유에서의 도피》(세계사상전집49), 고영복 옮김, 학원출판

공사, 1983, p.207

71 에리히 프롬,《자유에서의 도피》(세계사상전집49), 고영복 옮김, 학원출판

공사, 1983, p.208

72 구승회,《생태철학과 환경윤리》, 동국대학교출판부, 2001, p.22

73 마르틴 부버,《나와 너》, 표재명 옮김, 문예출판사, 1977, p.10-12

74 마르틴 부버,《나와 너》, 표재명 옮김, 문예출판사, 1977, p.11 "나는 그 나무

를 관찰하면서 그 나무와의 관계에 끌려 들어가는 일이 일어날 수가 있다.

그러면 그 나무는 이미 '그것'이 아니다."

75 마르틴 부버,《나와 너》, 표재명 옮김, 문예출판사, 1977, p.11-12

76 Martin Buber(마르틴 부버),《Ich und Du 나와 너》, Heidelberg 1974, p.14

77 앤서니 기든스,《제3의 길》, 한상진 外 옮김, 생각의 나무, 1998, 참조.

78 자크 데리다,《해체》, 김보현 옮김, 문예출판사, 1996, 참조.

• 구승회, 《생태철학과 환경윤리》, 동국대학교출판부, 2001.

• 김현승, 《가을의 기도》, 미래사, 1991.

• 라인홀드 니부어, 《도덕적 인간과 비도덕적 사회》, 이한우 옮김, 문예출판사, 1992.

• Raymond Williams(레이먼드 윌리엄스), 《Culture 문화》, London 1981.

• 로버트 V. 다니엘스, 《인문학의 꽃, 역사를 배우다》, 송용구 옮김, 평단, 2014.

• 마르틴 부버, 《나와 너》, 표재명 옮김, 문예출판사, 1993.

• Martin Buber(마르틴 부버), 《Ich und Du 나와 너》, Heidelberg 1974.

• 〈마태복음〉, 《성경》(개역개정판), 대한성서공회.

• 막스 호르크하이머 · 테오도어 아도르노, 《계몽의 변증법》, 김유동 옮김, 문학과지성사, 2001.

• 머레이 북친, 《사회생태론의 철학》, 문순홍 옮김, 솔출판사, 1997.

• 박지원, 《열하일기》, 솔출판사, 1997.

• 박찬국, 《하이데거의 '존재와 시간' 읽기》, 세창미디어, 2013.

• 보리스 파스테르나크, 《닥터 지바고》, 김재경 옮김, 혜원출판사, 1992.

• 사마천, 《한 권으로 보는 사기》, 김진연 · 김창 옮김, 서해문집, 2004.

• 사뮈엘 베케트, 《고도를 기다리며》, 오증자 옮김, 민음사, 2000.

• 소포클레스, 《엘렉트라》, 김종환 옮김, 지식을만드는지식, 2014.

• 송용구, 《대중문화와 대중민주주의》, 담장너머, 2009.

• 송용구, 《독일의 생태시》, 새미, 2007.

• 송용구 外,《넘어갈까 넘어갔다 다시 올까》, 도요, 2016.

• 스탕달,《적과 흑》(세계문학전집 8), 서정철 옮김, 동서문화사, 1981.

• 신동엽,《신동엽전집》, 창작과비평사, 1975.

• 아이스퀼로스,《오레스테이아 3부작》, 김기영 옮김, 을유문화사, 2015.

• 앤서니 기든스,《제3의 길》, 한상진 外 옮김, 생각의나무, 1998.

• 앨빈 토플러,《제3의 물결》, 원창엽 옮김, 홍신문화사, 1994.

• 에드워드 핼릿 카,《역사란 무엇인가》, 권오석 옮김, 홍신문화사, 1988.

• 에리히 프롬,《자유로부터의 도피》, 원창화 옮김, 홍신문화사, 1988.

• 에리히 프롬,《자유에서의 도피》(세계사상전집49), 고영복 옮김, 학원출판
  공사, 1983.

• 에우리피데스,《에우리피데스의 엘렉트라》, 김종환 옮김, 지식을만드는지
  식, 2012.

• 에티엔 드 라 보에시,《자발적 복종》(개정판), 박설호 엮고 옮김, 울력, 2015.

• 윌리엄 셰익스피어,《햄릿》, 최종철 옮김, 민음사, 1998.

• 일연,《삼국유사(三國遺事)》(세계사상전집 13), 권상노 역해, 학원출판공사,
  1984.

• 이마누엘 칸트,《도덕 형이상학을 위한 기초 놓기》, 이원봉 옮김, 책세상,
  2002.

• 자크 데리다,《해체》, 김보현 옮김, 문예출판사, 1996.

• 장 자크 루소,《사회계약론》, 이환 옮김, 서울대학교출판부, 1999.

• 장 자크 루소,《에밀》, 이환 엮고 옮김, 돋을새김, 2008.

• 존 스튜어트 밀,《자유론》, 김형철 옮김, 서광사, 1992.

• 〈창세기〉,《성경》(개역개정판), 대한성서공회.

• 찰스 디킨스,《올리버 트위스트》, 이선주 옮김, 지식을만드는지식, 2009.

- 토머스 모어, 《유토피아》, 나종일 옮김, 서해문집, 2005.

- 토머스 모어, 《유토피아》, 정순미 풀어씀, 풀빛, 2006.

- 프리드리히 실러, 〈리쿠르고스와 솔론의 입법〉, 《아무도 미워하지 않는 자의 죽 음》(원작 '백장미'), 송용구 옮김, 평단, 2012.

- 호메로스, 《일리아스/오디세이아》, 이상훈 옮김, 동서문화사, 1978.